KB119333

# 싸우는
여자들,
역사가
되다

윤석남 그림·김이경 글

# 싸우는 여자들, 역사가 되다

세상을 뒤흔든 여성독립운동가 14인의 초상

한겨레출판

**일러두기**

본문의 나이 표기는 연 나이를 기본으로 하되 회고록·증언 등 1차 자료에서 실제 나이와 다르게 기록되었거나 만 나이로 기록된 경우 이를 따랐다. 현재의 출생연도가 일제 때 호적을 기준으로 한 것으로 실제와 다른 경우가 있음을 고려한 것이다.

## 윤석남의 말

그림을 시작한 지 43년이 훌쩍 지났다. 주제에 대한 관심도 많이 달라져서 자기 주변의 이야기에서 객관적인 삶의 이야기로 넓어졌다. 기법도 유화, 아크릴을 사용하는 서양화에서 10년 전부터 한국화 쪽으로 바뀌었다. 여기서 변화 과정을 세세히 설명할 수는 없지만, 10여 년 전 공재 윤두서의 자화상을 만났을 때 놀랐던 기억은 지금도 가슴이 두근두근할 만큼 생생하다. 그 이후 지금까지 한국화에 전념하고 있다.

서양화 기법에서 한국화 기법으로 방향을 전환한 계기가 윤두서 초상이었으므로 나는 처음부터 초상화에 관심을 집중했다. 그런데 조선시대 초상화를 공부하다 보니 수백 년 동안 그려진 초상들 중에 여성 초상화가 거의 없었다. "그래? 그러면 나는 여성 초상으로 시작해야겠다." 그리하여 주변 친구들의 초상부터 그리기 시작했다.

2019년 가을에 이 작품들로 개인전을 하면서 다음 초상화는 무엇으로 할까 생각했다. 수많은 남성 양반의 초상화와 달리 여성 초상화는 없던 것이 떠올랐다. 조선이 망할 무렵의 작품 두 점이 있었으나 그것도 주인공 이름은 알려지지 않은 것이었다. 조선 왕조 500년 역사가 어떠했는지는 모르지 않지만 그럼에도 '여자들이 이렇게나 사람대접을 받지 못했구나' 하는 쓰라린 자각이 새삼스럽게 가슴을 때렸다.

한데 그런 나라가 망할 때 슬퍼하고 분노한 것은 단지 남자들만이 아니었다. 인간 대접을 받아보지도 못한 여자들이 총을 들고 목숨 걸고 일제에 대항했다는 것을 나는 알았다. 이것은 어디에서 오는 '힘'일까 의문이 들었다. 이 여성들의 의기는, "나도 사람이다. 나도 이 나라의 당당한 백성이다. 나라를 찾는 데 여성, 남성의 차이는 없다" 하는 깨달음에서 자연적으로 나왔다는 생각이 들었다. '목숨을 걸고 자기 자신을 당당히 찾는 것', 이것이 바로 총을 들고 일제에 대항한 여성들이라는 생각이었다. 이때부터 다음 전시는 '여성 독립운동가'로 하겠다고 마음먹었다.

주제를 잡았을 때 나를 가장 당혹하게 한 것은 이 여성들의 이야기를 '어디서 어떻게 찾고 연구할 수 있는가' 하는 문제였다. 화가인 나로서는 너무나 막연하고 아주 먼 이야기라서, 바로 옆에 김이경 작가가 없었다면 이 프로젝트는 아마 시작도 못 했을 것이다. 생각에 그치고 지나갔을 기획을 구체화해서 각각의 여성 독립운동가를 연구하고 글로 표현해주지 않았다면 나는 꼼짝없이 말았을지 모른다. 나는 늘 운이 좋은 사람이라는 말을 달고 산다. 사람이 사람을 만나는 것도 다 때가 있다는 윗사람들 말에 나는 전적으로 동감하며, 김이경 작가를 만난 것도 내 운이 통한 것이라고 생각한다. 그이가 믿든 말든 내 생각이 그러하다.

작업하는 동안, 100년 전 여성들의 투쟁사가 나를 무겁게 눌러 괴로웠던 것도 사실이다. 하지만 그때마다 그들의 정신에 의지해 꿋꿋이 버텼다고 말할 수 있다. 내가 만난 여성 독립운동가들의 삶은 앞으로 화가로서의 내 삶에 커다란 전환점이 될 것이다. 작품을 보는 독자들도 모쪼록 그런 감동을 만나기를 바란다.

# 김이경의 말

　두 해 전 겨울 윤석남 선생님이 여성 독립운동가의 초상을 그리겠다며 함께하자는 뜻을 내비치셨다. 처음 만난 날부터 지금까지 선생님은 늘 내게 존경하는 스승이자 선배요 가장 좋은 벗이었기에, 함께하자는 제안은 큰 기쁨이고 자랑이었다. 그럼에도 불구하고 선뜻 "네!" 하고 답하지 못했다. 여성 독립운동가에 대해 생각해본 적이 없었던 까닭이다. 대학교와 대학원에서 역사학을, 그것도 한국 근현대사를 공부했으니 독립운동사에 관심이 없던 것은 아니었지만 그것은 아주 오래전 일이었다. 더구나 역사 공부를 할 때도 여성 독립운동가는 관심 밖이었다. 괜히 한다고 나섰다가 일을 그르치면 어쩌나 걱정이 컸다. 그래도 선생님과 함께 작업하며 배우고 싶은 마음에 하겠다고 욕심을 냈다.

　관련 책들을 읽고 인물들을 선정하는 일부터 시작했다. 잊고 지냈던 역사에 다시 익숙해지기까지 여러 날이 걸렸다. 인물들을 추리고 자료 조사를 하는 동안에도 내 안의 거리감이랄까 막막함은 여전했다. 낯익은 이름도 몇 있었지만 여성 독립운동가들 대부분이 내게는 낯설고 먼 인물들이었다. 어릴 적 위인전을 읽듯 막연한 느낌으로 그들의 행적을 좇았다. 자료는 쌓여갔으나 이것으로 뭘 할 수 있을까, 과연 이 작업이 무슨 의미가 있나, 의구심도 함께 커졌다.

　하지만 윤석남 선생님은 달랐다. 참고도서를 알려드리기 무섭게 바로 구해서 두 번 세 번씩 읽었다. 그리고 내가 미적거리는 사이 어느새 인물의 스케치를 하고, 가로 1미터 세로 2미터에 달하는 커다란 화폭에 그들의 삶을 담아 그리기 시작했다. "나는 이들의 이야기가 남의 일 같지 않아요. 내가 그 시절에 살았다면 친일까지는 아니라도 나라의 상황을 외면하고 살았을 것 같거든. 그런데 이

여자들은 정말 대단하잖아. 정말 대단해! 그래서 더욱 이 이야기를 끝내야 해요." 한 사람 한 사람에 대해 알게 될 때마다 선생님은 매번 새롭게 감탄하고 감격하고 부끄러워하셨다. 그 열정이 나를 깨웠다.

나라면 그 시대를 어떻게 살았을까 생각하면서 다시 자료들을 읽고 한 사람 한 사람의 삶을 복기했다. 비로소 여성 독립운동가들의 삶이 활자 너머에서 살아 숨 쉬기 시작했다. 나라를 빼앗긴 절망에 무너지고, 그 속에서 다시 희망을 꿈꾸고, 꿈을 현실로 만들기 위해 목숨을 걸고 싸우고, 온몸이 짓이겨지는 고문을 당하고, 감옥에서 청춘을 보내고, 감시의 눈을 피해 국경을 넘고, 펜을 쥐던 손으로 총을 들고, 가족들과 생이별하고, 소중한 아이를 잃고, 그렇게 싸우고도 자랑으로 기억되기는커녕 자취도 없이 잊힌 여성들. 그러나 한 번도 자신의 삶을 후회하거나 한탄하지 않았던 사람들. 강인하고 올곧은 그들의 인생을 이 책에 생생하게 그려내는 것이 내 일임을 깨달았다.

수많은 여성 독립운동가 중에서 이 책에는 14인을 선정해 담았다. 가능하면 활동한 시기와 지역, 가정환경과 직업, 운동 방식 등이 저마다 다른 이들을 소개하려 애썼다. '여성 독립운동가'라는 명명 속에 얼마나 다양한 고민과 경험, 인생 역정이 담겨 있는지 전하고 싶었다. 또한 서술 방식에서는 일반적인 역사 서술과 달리 1인칭과 3인칭, 인터뷰, 다큐멘터리, 편지 등 여러 형식을 활용해 문학적으로 형상화하고자 했다. 독립운동사라는 익숙한 틀을 벗어나 그들을 한 명의 인간으로 오롯이 느끼게 하고픈 마음이었다. 물론 역사적 사실에 어긋남이 없도록 여러 번 조사하고 고증했음을 밝혀둔다.

부디 여기 그려진 14인의 초상을 보며 그들의 삶을 지나간 과거가 아니라 지금 여기의 뜨거움으로 느낄 수 있기를, 그리하여 그들도, 그들의 이야기를 읽는 독자들도 모두 살아 있음을 느낀다면 더 바랄 게 없겠다. 마지막으로, 소중한 기회를 준 윤석남 선생님께 감사드린다. 선생님의 제안과 열정이 아니었다면 이처럼 멋진 선배들이 있는 줄도 모르고 청맹과니로 살았을 것이다. 언니들, 고마워요!

# 차례

## 세상에 외치다

# 전선에 서다

세
상
에

외
치
다

## 너는 영웅이다

— 1892-1944

# 김
# 마
# 리
# 아

판사 　　 "너는 언제부터 조선의 독립을 생각해 왔는가?"

김마리아 　"한시도 독립을 생각하지 않은 일이 없다."

판사 　　 "여자가 어째서 남자들과 함께 운동을 했나?"

김마리아 　"세상이란 남녀가 협력해야만 성공하는 것이다. 좋은
　　　　　가정은 부부가 협력해서 만들어지고 좋은 나라는 남녀
　　　　　가 협력해야 이루어지는 것이다."

대한민국애국부인회 재판 진술 중에서

김마리아 초상
윤석남, 2020년,
한지 위에 채색,
210×94cm 작가 소장

위) 김마리아 채색 드로잉
윤석남, 2020년, 한지 위에 채색,
45×34cm, 작가 소장

아래) 김마리아 연필 드로잉
윤석남, 2020년, 종이 위에 연필,
45×34cm, 작가 소장

여기 저고리 한 벌이 있다. 바느질은 야무진데 옷 모양이 어설프다. 오른쪽 안섶이 왼편의 겉섶보다 눈에 띄게 짧다. 이 이상한 옷의 주인공은 김마리아. 일본 경찰의 고문으로 한쪽 가슴을 잃고도 "너희 할 대로 다 해라. 그러나 내 속에 품은 내 민족 내 나라 사랑하는 이 생명만은 너희가 못 뺏으리라"하고 끝내 무릎 꿇지 않았던 바로 그 사람.

그는 1892년 7월 11일 황해도 장연군 대구면 송천리, 일명 소래마을에서 김언순(자字는 윤방)과 김몽은의 세 딸 중 막내로 태어났다. 장연은 한 번 나래를 치면 천 리를 내달리고 외세와 싸우면 판판이 이긴다는 전설의 새 장산곶매로 유명한 곳. 그 땅 기운을 받아서인가, 그는 어려서부터 대범하고 기개가 있었다. 부모는 사내애들과도 내남없이 어울리는 그에게 바지를 입히고 아들처럼 키웠다.

18세기 중엽부터 김언순 집안이 개간해 이룬 소래마을은 언더우드, 매켄지 등 외국인 선교사들의 주요 활동 무대였고 한국인이 최초로 교회를 세운 곳이기도 했다. 대지주였던 김언순 역시 일찍이 기독교를 받아들여 마을에 소래교회를 건립하고 해서제일학교(일명 소래학교)를 세우는 데 앞장섰다.

하지만 마을 유지이자 가문의 어른으로 큰 역할을 하던 김언순은 1894년 서른넷 젊은 나이에 병으로 세상을 뜨고 말았다. 당시 큰딸 함라는 여덟 살, 둘째 미렴은 여섯 살, 막내 마리아는 불과 세 살이었다. 어머니는 어린 세 딸을 데리고 시집 근처에 따로 살림을 냈다. 시동생 김용순이 만류했지만, 남편 없는 시집에 얹혀살아선 안 된다고 생각한 까닭이었다. 딸들은 이런 어머니에게서 자연스레 독립성과 생활력을 배웠다.

무엇보다 어머니는 딸들을 제대로 가르치려 온 힘을 다했다. 아버지가 없어도 세 딸을 학교에 보내 근대교육을 받도록 했다. 마리아 역시 1899년 아버지의 손길이 깃든 해서제일학교에 입학했다. 한글, 산술, 천자문, 역사, 성경, 작문 등을 가르치는 이 4년제 보통학교에서 마리아는 금방 눈에 띄었다. 남자애처럼 옷을 입고 다니는 데다 워낙 학업 성적이 뛰어났기 때문이다. 학교에 들어간 지 6개월 만에 마리아는 상급생을 모두 제치고 전교 1등을 했다. 한 살 많은 고모 김필례는 2등이었다.

1903년 마리아는 학교를 졸업했다. 별일이 없다면 당시 연동여학교(1909년 정신여학교로 개칭)에 다니던 고모들과 큰언니 함라처럼 마리아도 서울에서 여학교에 들어갈 터였다. 그러나 진학은 미루어졌다. 오래 복막염을 앓던 어머니의 병세가 부쩍 악화된 것이다.

1905년 추운 겨울날, 결국 어머니는 세상을 떴다. 어린 막내의 앞날을 걱정한 어머니는 "3형제 중 둘은 못 하더라도 마리아만은 꼭 외국 유학까지 보내달라"는 유언을 남기고 눈을 감았다. 하늘이 무너지는 슬픔이 어떤 것인지, 마리아는 온몸으로 실감했다. 그나마 언니들과 삼촌들, 고모들이 있어 고아가 된 설움을 조금은 덜 수 있음이 다행이라면 다행이었다.

장례가 끝난 뒤 마리아와 언니 미렴은 삼촌들이 살던 서울로 올라왔다. 당시 삼촌들은 남대문 밖 제중원 옆에 김형제 상회를 차리고 인삼 무역과 목재상을 하는 한편, 큰삼촌 김용순(자字 윤오)은 애국계몽단체인 서우학회의 발기인으로, 작은삼촌 필순은 세브란스병원 의사로 활발한 활동을 벌이고 있었다. 특히 김필순은 안창호와 의형제를 맺을 만큼 가까운 사이로, 김형제 상회는 신민회 운동의 거점이자 안창호를 비롯한 노백린·이동휘·유동렬 등 독립운동가들의 비밀 모임 장소로 애용되었다. 마리아는 이런 어른들의 활동을 옆에서 지켜보며 자연스럽게 민족의식을 키웠다.

1906년 마리아는 언니들과 고모들이 다니는 연동여학교에서 학업을 다시 시작했다. 마리아는 학교에서 국어·역사·산술·성경 등 늘 배우던 학과만이 아니라 생물·천문·서양사 등도 배웠는데, 새로운 지식을 배우는 기쁨은 어머니를 잃은 슬픔조차 잊게 했다. 마리아는 열심히 공부했다. 평소 차분하고 신중한 그였지만 작문 시간에는 일본을 신랄하게 비판하는 글을 써서 내면의 뜨거운 민족애를 드러내기도 했다. 친구들은 과묵하면서도 해야 할 말은 꼭 하고 해야 할 일은 앞장서 해내는 마리아를 믿고 따랐다.

1910년 학교를 졸업한 그는 언니 김함라가 재직하던 광주 수피아여학교에서 교사로 사회에 첫발을 내디뎠다. 그해에 조선은 일본의 완전한 식민지로 전락했다. 이른바 경술국치였다. 부모님에 이어 나라마저 잃다니! 마리아는 큰 충격을 받았지만 마음을 다잡고 교직에 헌신했다. 국권회복을 위해서는 인재를 양성해야 한다고 믿었다.

3년 뒤에는 학창 시절부터 그를 눈여겨본 루이스 교장의 부름을 받고 모교의 수학교사로 부임해 후배들을 가르쳤다. 교사로 함께 일했던 동창 유각경은 당시의 그를 이렇게 회상했다.

"항상 하는 얘기는 조국의 독립이었어요. 마리아의 비분강개를 듣노라면 나도 분노와 울분에 덩달아 울었지요."

그는 교사직을 만족스러워했지만 루이스 교장은 그에게 더 큰 세상을 열어주고자 일본 유학을 주선했다. 루이스 교장의 추천과 재정 지원으로 마리아는 선교사들이 운영하는 도쿄여자학원 본과에 입학했다. 당시 이곳에는 막내고모 김필례가 먼저 유학 와 있었기에 그는 낯선 생활에 쉬 적응할 수 있었다. 그는 수학, 역사, 물리, 영어 등 모든 과목에서 빼어난 성적을 거두었다. 70, 80점대 성적은 일본어뿐이었다. 일본에 대한 거부감 때문이었을까, 만년 우등생 김마리아도 일본어 공부에서는 어려움을 겪었다.

이 시기에 그는 공부만이 아니라 사회운동에도 적극적으로 참여했다. 1917년 고모에 이어 도쿄여자유학생친목회 회장에 선출된 마리아는 총무인 나혜석 등과 잡지《여자계女子界》를 발간하고, 일본 각지에 지회를 두어 조직을 확대했다.

1918년 11월 제1차 세계대전이 끝났다. 상하이(상해)에서 활동하던 여운형 등은 전후 처리를 위한 파리강화회의가 열린다는 소식을 듣자, 신한청년당을 만들어 김규식을 민족대표로 회의에 파견하는 한편, 국내에서 시위를 벌여 국제적인 여론을 불러일으키기로 계획했다. 이에 따라 일본에서는 장덕수, 이광수 등의 주도로 1919년 2월 8일 도쿄에서 조선 유학생 수백 명이 모여 독립선언대회를 열었다. 김마리아는 황애덕, 노덕신, 유영준 등과 이 자리에 참석해 만세를 불렀다. 그뿐 아니라 2·8독립선언문을 국내로 들여오는 책임까지 맡았다.

2월 17일, 그는 일본에 살면서 한 번도 입지 않던 기모노를 입고 부산행 배에 올랐다. '오비'라 불리는 큼직한 허리띠 속에는 미농지에 복사한 독립선언문 10여 장이 들어 있었다. 일제 경찰의 삼엄한 감시를 피해 무사히 입국한 마리아는 대구에 들렀다가 뜻밖에도 큰고모부 서병호와 둘째 고모 김순애를 만났다. 1911년 105인 사건이 일어나자 삼촌 김필순은 중국으로 망명하여 만주에서 독립군과 한인들의 진료에 헌신했는데, 그때 큰삼촌과 고모 등 일가족도 함께 망명한 터였다. 그렇게 헤어진 가족들을 몇 년 만에 국내에서 만난 것이다. 알고 보니 서병호는 신한청년당 당수였고, 김순애는 김규식과 혼인한 지 일주일 만에 남편을 파리로 보내고 독립운동을 지원하기 위해 온 것이었다.

세 사람은 안희제가 운영하는 부산의 민족기업 백산상회에서 향후 계획을 의논한 뒤 광주로 갔다. 광주에는 언니 김함라와 고모 김필례가 살고 있었다. 일행은 김필례의 남편 남궁혁이 운영하는 서석의원에서 선언문을 대량 복사해 각각 전라도와 경상도로 흩어졌다. 그리고 학교와 교회, 병원 등을 돌며 독립운동에 동참할 것을 호소했다.

서울로 올라간 마리아는 루이스 교장을 만났다. 교장은 학생들이 고종의 국상을 당해 검은 상장을 달았다면서, 총독부가 추궁할 테니 상장을 떼도록 학생들을 설득해달라고 부탁했다. 자신을 믿고 지원해준 교장의 부탁이었지만 마리아는 단호히 거절했다. 오히려 교사와 학생 등 학교에 있는 여성들이 독립운동에 나서야 한다고 주장했다.

그는 또 천도교 대표인 보성사의 이종일 사장을 만나 2·8독립선언 소식을 전하며 궐기를 호소했다. 이종일은 "우리도 이미 계획 중이며, 민중이 함께 일어나 일제의 질곡을 벗어나려고 암암리에 모색하여 왔다"고 답했다.[1] 천도교의 적극적인 참여를 확인한 마리아는 기쁜 마음으로 고향 황해도로 향했다. 그곳에서 지인들을 접촉하며 자금을 모집하고 있을 때 서울에서 3·1운동이 일어났다는 소식이 전해졌다. 그는 곧장 서울로 와서 여성계 인사들을 만나 운동 방향을 의논하고 여학생들의 참여를 독려했다. 3월 5일 이화, 진명, 정신 등 여학교 학생들이 대대적인 시위를 벌였다. 진즉부터 마리아를 주목하고 있던 일본 경찰은 이튿날 그를 체포해 총독부 유치장으로 끌고 갔다. 배후에서 주동했다는 혐의였다.

일제는 마리아에게 도쿄 유학생들과의 관련을 추궁하며 모진 고문을 가했다. 고춧가루 탄 물을 코에 붓는가 하면 공중에 매달아 놓고 팽이처럼 마구 돌리고, 머리를 못 쓰게 해야 이런 운동을 안 한다며 대막대기로 머리를 때리고 구둣발로 시멘트 바닥에 차기까지 했다. 그때 머리를 어찌나 심하게 맞았는지, 귀와 코에 고름이 차는 유양돌기염과 상악골축농증에 걸려 평생 두통과 신경쇠약증에 시달려야 했다.

하지만 끔찍한 고문을 당하면서도 마리아는 혐의를 부인했고, 결국 수감된 지 반 년 만인 8월 4일 증거불충분으로 석방되었다. 심한 고문으로 몸이 망가진 그는 출옥하자마자 병원으로 실려 갔다. 독립운동은커녕 일상생활조차 감당하기 어려운 상태였다. 그러나 몸을 추스르기도 전에 그는 다시 활동을 재개했다. 그가 감옥에 있을 때 해외에서는 임시정부가 수립되었고, 국내 여성들은 대한민국애국부인회를 조직해 활동하고 있었다. 애국부인회는 독립자금을 모금해 임시정부를 후원했는데, 3·1운동의 열기가 잦아들면서 이 무렵엔 명맥만 유지하는 상태였다.

9월 19일 김마리아와 황애덕의 출옥을 위로하는 다과회가 정신여학교 마리아의 숙소에서 열렸다. 명목은 다과회지만 실제론 애국부인회 임원들이 모여 향후 활동 방향을 논의하는 비밀 회합이었다. 장장 일곱 시간에 걸친 회의 끝에 마리아가 회장에 선출되고 새로운 임원진과 조직 개편이 이루어졌다. 그의 지도 아래 애국부인회는 한 달도 안 돼 전국에 지부를 설치했고 회원 수가 2000여 명으로 늘었으며, 6000원이란 거액의 군자금을 모금해 상하이 임시정부에 보낼 만큼 조직력을 갖추었다.

하지만 부인회의 활동이 본궤도에 오르기 시작한 11월 28일, 일제는 전국에서 동시다발적으로 대대적인 검거 작전을 펼쳤다. 학교에서 수업 중이던 마리아는 갑자기 들이닥친 경찰 10여 명에 의해 동료들과 함께 체포되었고, 전국 각지에서 간부들은 물론이요 회비나 기부금을 낸 여성들까지 모두 끌려갔다. 부인회의 전임 회장이었던 오현주가 변절한 남편 강낙원의 꾐에 넘어가 조직을 배신한 것이었다.

마리아는 종로경찰서를 거쳐 51명의 동지들과 함께 대

구경찰서로 이송되었다. 그는 유치장에서 비밀 회의를 열고, 사건이 확대되지 않도록 다른 동지의 이름을 팔거나 비밀을 누설하지 말자고 결의했다. 하지만 오현주의 배신으로 이미 많은 것을 파악한 일제는 회장 마리아에게 혹독한 고문을 가했다.

두 무릎 사이에 굵은 장작을 끼워 구둣발로 짓밟고, 코에 고무호스를 끼워 물을 집어넣고, 달군 쇠꼬챙이로 몸을 지지는 등, 그야말로 말로 할 수 없는 고문이 이어졌다. 지난번에 이어 또다시 그를 잡아넣겠다고 서울에서 달려온 가와무라 검사는 가혹한 심문으로 그를 괴롭혔다. 하지만 잔인한 폭력도 그의 정신을 꺾지는 못했다. 검사가 왜 일본 제국의 연호를 쓰지 않느냐고 묻자 그는 당당하게 말했다.

"나는 일본 연호를 배운 적도 없고 알고 싶지도 않은 사람이오."

검사는 길길이 날뛰었지만 그는 끄떡도 하지 않았다. 재판정에서 판사가 강압적인 질문을 해대도 그는 물러서지 않았다.

"너는 언제부터 조선의 독립을 생각해왔는가?"

"한시도 독립을 생각하지 않은 일이 없다."

"여자가 어째서 남자들과 함께 운동을 했나?"

"세상이란 남녀가 협력해야만 성공하는 것이다. 좋은 가정은 부부가 협력해서 만들어지고 좋은 나라는 남녀가 협력해야 이루어지는 것이다."

　의연한 그 모습에 일제 검사마저 "너는 영웅이다. 너보다 너를 낳은 네 어머니가 더 영웅이다" 하고 감탄했을 정도였다.


　마리아는 3년형을 선고받았으나 고문 후유증으로 이듬해 5월 22일 병보석으로 출감했다. 그러나 주거 제한이 풀려 서울에서 수술을 받기까지는 다시 한 달여가 걸렸다. 이후 이비인후과 전문인 한양병원과 세브란스병원에서 코와 귀, 양미간의 고름을 긁어내는 수술을 세 차례나 받았다. 그래도 완치는 안 되어 시간이 지나면 고름이 다시 고였다. 특히 신경쇠약으로 인한 히스테리 증세는 좀처럼 나아지지 않았다.

　당시 신문에 '병상에 누운 김마리아' '위태로운 목숨' 등의 제목으로 연일 기사가 실릴 만큼 그의 상태는 심각했다. 검찰은 별 수 없이 전지요양을 허가했다. 1921년 6월 말 세브란스병원을 나선 마리아는 가족들의 부축을 받으며 성북동으로 향했다. 그곳의 농가에서 한동안 요양하기로 되어 있었다. 감시의 눈초리도 한결 누그러졌다.

　그렇게 달포가 지난 어느 날, 가와무라 검사 앞으로 전보 한 통이 왔다. 전보에는 "상하이에 무사히 도착했노라"고 적혀 있었다. 그제야 사태를 파악하고 부랴부랴 성북동을 덮쳤지만 이미 김마리아는 사라지고 없었다. 알고 보니 퇴원한 다음 날 새벽, 인천에서 소금배를 타고 중국으로 망명한 것이었다.

사실 그의 망명은 4월부터 이미 선교사 매큔과 임시정부의 치밀한 계획 아래 추진되고 있었다. 매큔은 동지들 때문에 망설이는 마리아를 설득하고 4000원이란 거액의 망명 비용까지 내놓았다. 마리아를 인천으로 옮겨 중국행 배에 태우는 일은 임정 특파원 윤응념이 맡았다. 마리아는 항해 중 몇 차례나 혼수상태에 빠졌지만 근 한 달 만에 무사히 상하이에 도착했다. 그리고 그곳에서 김구례, 순애 두 고모의 정성 어린 간호로 조금씩 몸을 추스르고 마음의 안정을 찾았다.

어느 정도 몸이 회복되자 그는 난징(남경)의 금릉대학에 입학해 중국어 공부를 시작했다. 1923년에는 한인 여학생들로 대한여자청년회를 조직하고, 임시정부 의정원 황해도 의원으로 선출돼 활동했다. 이 무렵 임시정부는 내부 갈등으로 어려움을 겪고 있었다. 이승만의 외교 노선을 비판하며 임정을 해체하고 무장투쟁을 하자는 창조파와, 임정의 제도와 운영을 개선하자는 개조파가 팽팽히 맞섰다.

마침내 1923년 1월 31일 이 문제를 해결하기 위해 국민대표회의가 소집되었다. 마리아는 대한민국애국부인회 대표로 회의에 참가했다. 당시에도 그는 한자리에 계속 앉아 있을 수 없을 만큼 건강이 좋지 않았다. 그럼에도 3월 5일 시국문제 토론회에 참가한 마리아는 창조파에 선 고모 김순애와 달리 개조론을 주장했다.

"국내 일반 인민은 상하이에서 임시정부가 설립되었다는 말을 듣고 소수의 조직이든 인물이 좋든 나쁘든 상관하지 않고 다 기뻐하여 금전도 아끼지 않고 적敵의 악형도 무서워하지 않았다. 외지에서 임시정부를 반대하던 자도 국내에 들어와서 금전을 모집할 때에는 다 임시정부의 이름을 파는 것이 바로 국내 동포가 임시정부를 믿는 증거다. 만약 5년의 역사를 가진 정부를 없앤다면 소수는 만족할지 모르나 대다수는 슬퍼할 것이다. 잘못된 것이 있으면 개조하자."

회의는 5개월이나 계속되었지만 의견 대립은 끝내 해소되지 않은 채 별 성과 없이 끝났다. 김마리아는 낙심했다. 임시정부만이 아니라 그의 개인적 상황도 실망스럽기만 했다.

이 무렵 그는 처음이자 마지막으로 한 남자를 마음에 두었다. 고려공산당 대표로 회의에 참석한 김철수가 그였다. 서른두 살이 되도록 오로지 독립만을 바라고 싸워온 마리아는 처음으로 결혼을 생각했다. 그러면 좋은 동지이자 부부로 같은 길을 갈 수 있을 것 같았다. 하지만 김철수에게는 고향에 아내가 있었다. 당시 이런 일은 비일비재해서, 대개의 남자들은 기약 없는 본부인을 두고 새로 결혼하기를 마다하지 않았고 주위에서도 이를 허물하지 않았다. 그러나 김철수는 "조선이 낳은 혁명 여걸"을 고작 첩으로 만들 수는 없다며 고개를 저었다. 김마리아를 흠모하기에 더욱 그랬다. 결국 두 사람은 서로를 향한 마음을 조용히 접었다(훗날 김철수는 먼저 간 김마리아를 그리며 평생 그의 사진을 가슴에 품고 다녔다).

그해 6월 마리아는 상하이를 떠나 미국 유학길에 올랐다. 못다 한 공부를 하며 새로운 출발을 모색하기 위해서였다. 1924년 파크대학에 입학한 그는 2년 만에 문학사 학위와 평생교육사 자격증을 취득한 뒤 시카고대학교에서 사회학을, 컬럼비아대학교 대학원에서 교육행정학을, 뉴욕 신학교에서 종교교육학을 공부했다. 가사도우미, 웨이트리스, 점원, 행상 등 온갖 궂은일을 하며 이룬 성과였다.

성치 않은 몸으로 일과 학업을 병행하기는 여간 힘든 게 아니었다. 대리석처럼 희고 말갛던 얼굴은 햇볕에 타고 주름이 내려앉았다. 가난한 아시아 여성으로서 겪는 차별은 마음에 그늘을 드리웠다. 당시의 고생이 얼마나 심했던지 그는 훗날 언론과의 인터뷰에서, "유학 가려는 사람이 있다면 한사코 말리겠습니다. 가서 당할 끔찍스러운 고생은 차

마 못 당할 것입니다"라고 술회할 정도였다.²

하지만 이 와중에도 마리아는 독립운동을 포기하지 않았다. 뉴욕에서 예전에 함께 운동했던 황애덕, 박인덕 등 동지들을 만난 김마리아는 1928년 여성 독립운동단체 근화회槿花會를 조직했다. 조국에서 여성단체 근우회가 발족했다는 소식이 힘이 되었다. 근화회 취지문에서 그는 "일정한 주소도 없이 고학하는 소수의 여자 유학생들이지만 나라를 사랑하는 붉은 정성, 사회를 위해 무엇을 해보려는 간절한 뜻만은 누구에게도 뒤지지 않는다"며, "조국 광복의 대업을 위해 재미 한인사회의 운동을 적극 후원"하고 "민족정신을 고취"하는 데 앞장서겠다고 천명했다. 근화회뿐 아니라 그는 안창호의 흥사단에도 가입해 활동했다.

당시 미국에는 막내고모 김필례도 함께 있었는데 어느 날 고모가 흥미로운 소식을 전해주었다. 대한민국애국부인회 사건 때 김마리아를 악랄하게 괴롭혔던 가와무라 검사가 시찰차 뉴욕에 와 있다는 것이었다. 마리아는 고모와 같이 그가 묵는 호텔을 찾아갔다. 갑자기 마리아와 마주친 가와무라는 파랗게 질렸다. 마리아의 강인한 정신력과 투철한 조국애, 용감한 행동력을 누구보다 잘 아는 그였다. 마리아는 벌벌 떠는 그에게 웃는 얼굴로 먼저 인사했다.

"많이 변했군요."

그 관대하고 담대한 태도에 감화된 가와무라는 정중한

태도로 용서를 빌었다.

"무슨 말을 해야 할지 모르겠습니다. 변명 같지만 일본 제국의 법을 다루는 법관으로서 어쩔 수 없었습니다. 마리아 씨에게 가혹한 형벌을 가해야 했던 제 처지에 인간적인 슬픔과 회의를 느낍니다. 그때 일은 널리 양해해주십시오."

마리아는 묵묵히 듣고 있다가 마지막으로 고국에 돌아가고 싶다고 말했다. 가와무라는 법적 시효가 끝나면 귀국해도 다시 감옥살이를 하지는 않을 거라고 답했다. 고모와 마리아는 크게 기뻐했다. 조금만 참으면 조국으로 돌아갈 수 있다는 희망이 생겼기 때문이다.

1932년 7월, 마리아는 불혹을 넘긴 나이에 비로소 그리던 조국으로 돌아왔다. 정신여학교를 중심으로 함께 활동했던 동지들과 사회 저명인사들이 앞다투어 그를 환영했다. 이미 독립의 꿈을 버리고 민족운동에서 멀어진 이광수조차 돌아온 그를 위해 〈누이야〉라는 시를 지어 바쳤다. 이념과 노선을 떠나 김마리아의 독립정신과 헌신은 누구도 부정할 수 없는 것이었고, 그의 영향력은 독보적이었다. 이는 그만큼 일제에 위협적인 존재라는 의미이기도 했다. 일제는 귀국길에 경유한 요코하마에서부터 그를 연행해 취조했고, 귀국 후에도 틈만 나면 감시하고 구금하며 일거수일투족을 제약했다.

서울 활동이 불가능해지자 마리아는 원산의 마르다윌슨신학교에서 후학 양성에 나섰다. 일제는 또다시 '성경 과목만 가르쳐라' '학교 밖으로 나가지 말라'고 압박했다. 하지만 그 정도에 물러설 마리아가 아니었다. 그는 성서를 통해 학생들에게 조국과 자유, 독립의 소중함을 일깨우고 민족정신을 고취했다. 또 한국 교회의 성차별을 비판하며 여남은 평등한 존재임을 주지시켰다.

그 무렵 중일전쟁을 일으킨 일제는 국민 총동원체제를 만들고 국민의례와 신사참배를 강요했다. 천주교와 개신교 주요 교파들은 신사는 신이 아니라는 둥 궤변을 늘어놓으며 이에 순응했고 심지어 국방헌금과 징병을 독려하기까지 했다. 그러나 그는 일제의 압박을 피해 도피 생활을 하면서도 끝끝내 신사참배를 거부했다.

전쟁의 광풍이 불던 1943년, 일제는 신사참배를 거부하는 마르다윌슨신학교를 폐교시켜버렸다. 그해 겨울, 김마리아는 집에서 쓰러졌다. 고문 후유증으로 인한 뇌일혈이었다. 평양기독병원에 입원한 그를 치료하고자 의료진이 매달렸지만 무너진 몸은 다시 일어나지 못했다.

해방을 1년여 앞둔 1944년 3월 13일 새벽, 그는 영면에 들었다. 당시 그를 간병하던 양녀 배학복은 그의 마지막을 이렇게 전했다.

"나는 선생님의 임종에서 처음으로 화색이 도는 아름

다운 얼굴을 보았습니다. 조국과 민족을 위하여 당했던 고뇌를 벗어놓으셨기 때문이라 생각되었습니다. … 평소 원하셨던 분홍색 수의를 입혀드리고 삼일장을 지낸 후 화장해 대동강 물에 뿌렸습니다."

평생 폭력에 맞서 싸우느라 고단했던 몸은 푸른 대동강에서 비로소 안식을 찾았다. 그가 소망하던 조국 광복은 그로부터 1년 5개월 뒤에 찾아왔다.

# 을밀대에서 외치다

— 1901-1932

## 강
## 주
## 룡 ³

"…2300명 우리 동무의 살이 깎이지 않기 위해 내 한 몸뚱이가 죽는 것은 아깝지 않습니다. 내가 배워서 아는 것 중에 가장 큰 지식은, 대중을 위해 싸우다 죽는 것이 명예로운 일이란 겁니다. 이래서 나는 죽음을 각오하고 이 지붕 위에 올라왔습니다. 나는 자본가의 착취에 신음하는 근로대중을 대표해 죽음을 명예로 알 뿐입니다."

1931년 5월 29일 을밀대에서 강주룡이 한 연설

**강주룡 초상**
윤석남, 2020년,
한지 위에 채색,
210×94cm, 작가 소장

위) **강주룡 채색 드로잉**
윤석남, 2020년, 한지 위에 채색,
45×34cm, 작가 소장

아래) **강주룡 연필 드로잉**
윤석남, 2020년, 종이 위에 연필,
45×34cm, 작가 소장

오기영은 오늘도 선교리에 있는 평원고무공장으로 향한다. 파업이 일어난 지 20일, 그사이 몇 번이나 봐서 익숙해진 경찰과 노동자 들이 그를 보고 알은척을 한다. 기자가 사건 현장을 취재하는 것이야 당연한 일이지만, 파업 현장에 이렇게 자주 찾아오기는 그도 처음이다. 수천 명이 연대파업을 벌인 작년 평양 고무공장 동맹파업 때도 이렇게 자주 찾아오진 않았다. 이게 다 그 대단한 여자 때문이다.

"일찍 오셨습니다?"

기영은 움찔한다. 그 여자다. 지난번 을밀대에서 볼 적엔 아주 큰 줄 알았는데 생각보다 작다. 저간의 고생 탓인지 초췌한 모습이 가난한 여공 그대로다. 하지만 기자를 대하는 당당한 태도, 유달리 안광을 발하는 작은 눈, 매섭게 생긴 코는 그가 수월치 않은 사람임을 말해준다. 오로지 필력 하나로 갓 스물에 기자가 되어 지난 3년간 평양의 내로라하는 인사들은 다 만나본 기영이지만 지금은 긴장한다.

"동아일보 오기영 기자입니다. 한창 바쁘실 텐데 시간 내주셔서 감사합니다."

"기자 선생의 고명은 익히 들었습니다. 강주룡이라고 합니다. 반갑습니다."

주룡이 서글서글한 미소로 화답한다.

"원래 오늘은 잡지 《동광》에서 청탁한 회견기 때문에 뵙자 했는데, 그래도 파업 이야기를 묻지 않을 수가 없네요.

어제 6월 6일에 공장 측과 교섭이 있었다고 들었는데 결과가 어찌 되었는지요?"

"예, 어제 파업단 대표로 고용주 측과 만났습니다. 지난번에 임금 삭감에 반대해 파업했던 직공들을 해고하지 않았습니까? 그래서 임금도 직공도 원래대로 환원해야 한다고 했더니, 사측은 임금 삭감은 취소할 수 있지만 파업자를 그대로 고용하는 건 자기네 명예를 위해 안 될 일이라고 하더군요. 하지만 해고는 한 가족의 생사가 달린 문제인데 고작 체면 때문에 그 많은 사람의 명줄을 조이다니 말이 됩니까. 우리는 명예와 해고는 전혀 다른 문제라고 따졌고, 결국 결론을 내지 못해 내일 다시 만나 담판을 짓기로 했습니다. 기자 선생과 이야기가 끝나면 우리 파업단 동무들과 회의를 해야지요."

"그렇군요. 모쪼록 일이 잘되길 바랍니다. 파업 이야기는 이쯤하고 이제는 여사님 이야기를 하지요. 지난 을밀대 투쟁 이후 강주룡이란 이름을 모르는 이가 없습니다. 도대체 어떤 여자이기에 이런 대담한 일을 벌였는가, 다들 궁금해합니다. 저도 그중 하나인데, 그동안 어떻게 살아왔는지, 어떻게 하여 이런 투사가 되었는지 알고 싶습니다."

"강주룡보다 체공녀로 유명해졌지요. 그 별난 이름을 붙인 게 바로 오 선생 아닙니까?"

씩 웃으며 쳐다보는 주룡의 눈길에 기영은 낯을 붉힌다.

"그것이 상상을 초월한 신전술에 맞는 표현을 고르다 보니, 작년 일본 후지가스 공장에서 굴뚝 농성을 벌인 '연돌남煙突男'이 떠올라서…. 언짢았다면 미안합니다."

"일없습니다. 동무들 중에는 진지한 투쟁을 흥미 위주로 취급한다고 분개하는 이도 있지마는, 그 별명으로 우리의 쟁의가 더 널리 알려지고 세상의 관심을 끌 수 있다면 나는 얼마든지 괜찮습니다. 아마 연돌남으로 유명해진 다나베 기요시[4]도 나와 같은 생각이었을 겁니다, 하하."

"말이 나와서 말인데 혹시 다나베의 굴뚝 투쟁에서 을밀대를 착상한 것인가요?"

"아닙니다. 그럼 처음부터 굴뚝을 택했겠지요. 다나베와 나의 공통점이라면 땅에선 살 길이 없어 죽기를 각오하고 공중으로 올라간 겁니다. 그는 일본제국의 남자고 나는 식민지 조선의 여자이지만, 우리는 똑같은 노동자로 백척간두에 설 수밖에 없었던 거지요."

잠시 먼눈팔던 주룡이 다시 말을 잇는다.

"어떤 인생을 살았기에 투사가 되었느냐 물었지요. 나는 오히려 되묻고 싶습니다. 조선에서 어떻게 하면 투사가 안되고 살 수 있습니까? 친일 부호라면 몰라도 우리 같은 노동자는 싸우기 싫어도 싸워야 하는 게 현실이지요. 따지고 보면 기자 선생도 지금 붓으로 싸우고 있는 거 아닙니까?"

기영은 말문이 막혀 눈만 끔뻑거린다. 이렇게 말 잘하는 여성은 생전 처음이다.

"나도 처음부터 투사는 아니었습니다. 내 고향이 평안
북도 강계입니다. 산세만큼 사람들 기세도 대단한 곳이지
요. 내가 1901년에 났는데 어려서는 집안이 괜찮아 별 걱정
없이 지냈습니다. 그러다 아버지가 사업을 하신다고 가산
을 탕진하는 바람에 열네 살 때 온 가족이 서간도로 쫓겨나
다시피 갔지요. 거기서 황무지나 다름없는 땅을 개간해 농
사지으며 7년을 살고, 스무 살 되던 해에 통화현 살던 최전
빈이라는 이와 혼인했습니다. 남편은 그때 겨우 열다섯 난
귀여운 도련님이었는데 첫눈에 아주 귀여운 사람, 사랑스
러운 사람이었습니다. 어려도 우스워 보이지 않고 좋아서,
남편의 사랑을 받았다기보다 내가 남편을 사랑했지요. 동
리가 다 부러워할 만큼 부부의 의도 퍽 좋았습니다. 그대로
살았으면 내가 투사가 될 일은 없었을지 모르지만 결혼하
고 1년쯤 지나서 우리 부부 인생에 일대 변화가 생겼지요.
남편이 백광운 씨가 이끄는 독립군에 들어간 겁니다."

"대한통의부에서 활약한 백광운 대장 말씀입니까?"

"예, 바로 그 양반이 이끄는 의용군 중대에 배속됐지요.
지금은 그 양반도 죽고 없지만…. 나는 그때 남편을 따라갔
습니다. 옳은 일 하는데 말릴 수는 없고, 그렇다고 어린 남
편을 혼자 보낼 수도 없어 독립군에 들어가 풍찬노숙하며
6, 7개월을 함께 다녔지요. 어느 날 남편이 '거칫거려서 귀

찾으니 집에 가 있으라'고 아주 정색하고 말하더군요. 내 고생하는 게 보기 민망했던 거죠. 더는 내 고집대로 할 수 없어 그길로 본가로 돌아갔습니다. 부모님은 소박맞은 줄 알고 놀랐다가 자초지종을 듣고 그나마 다행이라더군요."

"그러고 반년이나 지났을까, 갑자기 집에서 100여 리나 떨어진 마을에 남편이 앓고 있다고 연락이 왔어요. 정신없이 달려가 보니 이미 틀렸습디다. 혼수상태에다 그 고운 얼굴이 아주 못쓰게 돼서…. 경황 중에 옛말이 떠올라서 내 손가락을 잘라 그에게 피를 먹였더니 정신을 좀 차리더군요. 그가 나를 보고는 눈물이 글썽글썽해서 반기는데 그때 심정은 말로 할 수가 없습니다. 그날 밤에 환자가 좀 나아졌다고 사람들은 다 가고 나 혼자 그를 간호하고 있었는데 잠깐 사이에 숨이 끊어졌습니다. 설마 이리 쉽게 가나, 죽었는지 살았는지 몰라서 바늘로 찔러봤지요. 아무 반응이 없더군요. 그제야 죽은 줄을 알았습니다. 울고불고는 않고 그저 마음이 적막해서, 아직 온기가 남아 있는 그이 옆에 나란히 누워 마지막 밤을 보냈습니다. 한잠 자고 이튿날 아침 사람들이 병문안 왔기에 죽은 걸 알렸지요. 사람들이 시신을 수습해 묻어줬네요. 그게 1923년 가을의 일입니다."

잠시 침묵이 흐른 뒤 주룡이 다시 말을 이었다.

"나는 그길로 시집에 가서 남편 소식을 전했습니다. 둘이 나갔다가 혼자 돌아와서 아들이 죽었다 하면 놀랄 줄은 알았지만 그러기로 나를 의심할 줄은 천만뜻밖이었습니다. '너 때문에 죽었다'고 원망하다가 '네가 죽였지' 하고 몰아 붙이더니, 끝내는 '남편 죽인 년'이라고 중국 경찰에 고발합니다. 경찰서에 끌려가서 혐의가 풀릴 때까지 일주일이나 갇혀 있었는데, 하도 분하고 원통해서 곡기를 끊었습니다. 돌봐주는 이가 있었으면 뭐라도 먹었을지 모르지만 그런 사람도 없으니 일주일을 꼬박 굶었지요. 그때 단식에 도가 터서 이번에 경찰서에서 사흘쯤 단식한 것은 일도 아닙니다. 하하!"

스물셋 나이에 벌써 그런 기막힌 일들을 겪었다니, 기영은 망연히 수룡을 바라본다. 그의 씩씩함이 어디서 연유하는지 조금은 알 것 같다.

"일주일이나 단식하면 죽을 수도 있지 않아요?"

"좀 더 했으면 그랬을지도 모르는데 일주일 만에 혐의 없다고 풀어주더군요. 그걸로 시집과는 인연이 끊어지고 나는 본가로 갔습니다. 청상과부가 된 데다 살인죄를 썼다는 소문이 나서 동네 사람들 눈치가 전과는 영 다르더군요. 먹고살기도 힘든데 인심까지 사나우니 살 수가 있나요? 결국 우리 식구는 서간도에서 다시 조선으로 왔습니다. 열네 살에 떠나서 스물넷에 돌아왔네요. 처음엔 사리원에서 1년쯤 지냈는데, 내가 밥벌이를 해서 부모와 동생을 먹여 살렸습니다. 오빠 대신 아들 노릇을 했지요. 그러다 일자리를 찾아 평양으로 온 것이 벌써 5년째입니다.

평양 와서는 바로 고무공장에 직공으로 들어갔습니다. 아시겠지만 고무공장은 일이 고되고 임금이 싸서 젊은 남자는 잘 없고 여자들 특히 애 엄마들이 많아요. 그런데 노동자들을 관리하고 불량품 판정하는 감독관은 다 남자들이에요. 이자들 위세가 보통이 아닙니다. 반말에 욕설은 예사고 불량이 생기면 벌금을 물리는데, 그걸 빌미로 별 짓거리를 다 합니다. 애 엄마들이 일하는 틈틈이 갓난애 젖이라도 먹일라치면 갖은 구박에 음담패설까지 하고. 작년 평양 고무공장 총파업 때 '산전 산후 휴가'와 '수유 시간'을 요구한 것도 그렇고, 이번에 파업하면서 '검사원 축출'을 내세운 것도 다 이런 사정이 있어서입니다?"

"안 그래도 작년에 산전 산후 휴가 얘기가 나와서 좀 놀랐습니다. 일부에서는, 임금 삭감 때문에 파업하는데 왜 쓸데없는 주장을 하느냐고 반론도 있었지요?"

강주룡이 진지한 표정으로 말을 이었다.

"우리가 임금투쟁을 하는 이유는 그저 배를 곯아서가 아닙니다. 정당한 대우를 받기 위해서지요. 일한 만큼 임금을 달라, 일하는 사람으로 그에 걸맞은 대우를 하라는 겁니다. 여성 노동자를 희롱하고 업신여기는 건 여성 차별이고 노동자 멸시입니다. 더구나 모성보호는 인류으로 보나 사회 발전으로 보나 꼭 필요한 것이니, 노동자가 요구하기 전에 고용주와 당국이 먼저 나서야지요. 노동자가 파업하면 제 밥그릇이나 챙기려고 그런 줄 아는데 천만에요. 노동운동은 사람답게 살자는 인간운동이고 사회운동입니다."

질문한 사람이 머쓱할 만큼 논리정연한 대답이다. 소학교도 못 나온 과부가 언제 이렇게 공부를 했나 궁금하다.

"사상이 탄탄하십니다. 노동운동은 언제부터 했던가요? 전에 단체 활동 같은 걸 했습니까?"

"글쎄, 파업은 작년에 처음 해봤고, 단체라면 독립군에 잠깐 있었던 것? 나야 거기서 남정네들 수발이나 들었지만 그래도 일본제국주의를 왜 몰아내야 하는지, 어떤 독립국을 세울지 의논을 듣다 보니 눈이 뜨이고 귀가 열렸지요. 고무공장 들어와서는 여자로, 노동자로, 조선인으로 사는 게 어떤 건지 뼈저리게 깨달았고요. 원래 책으로 배운 사상보다 몸으로 배운 사상이 무서운 법 아닙니까? 후후."

"정말 그런 듯합니다. 이제 그 유명한 을밀대 투쟁에 대해 말해주시죠. 어쩌다 그런 기발한 투쟁을 하게 됐습니까?"

"아까도 말했지만 무슨 특별한 작정을 한 게 아니라 떠밀려서 거기까지 올라간 것인데, 그 사정을 알려면 우리 고무공장 노동자들 파업한 이야기부터 해야겠습니다. 오 기자도 취재를 해서 알겠지만, 작년에 평양 시내 10여 개 고무공장에서 1800명이나 되는 노동자가 총파업을 일으켰잖습니까? 세계공황이 일어나서 공장 사정이 나빠진 걸 어쩌냐고 하지만, 그 손해를 몽땅 노동자들에게만 전가하니 문제지요. 나도 전에는 주위에서 노동조합 얘길 해도 별 관심이 없었는데, 자본가들 하는 짓을 보니 나 혼자 열심히 일한다고 되는 게 아니더란 말이죠. 해서 그때 고무직공조합에 가입했습니다.

처음 파업할 때는 겁이 났습니다. 고용주에 맞서 싸우는 게 될까 싶었죠. 그런데 수백 명 수천 명이 힘을 합치니 상상도 못 한 일이 벌어지더만요. 기계고 뭐고 딱 멈춰서, 고무신 한 짝 생산이 안 되는 겁니다. 추석 앞두고 고무신 찾는 사람은 많은데 물건이 없으니까 공장주가 어쩔 줄을 몰라요, 하하하. 그때 노동자도 힘이 있고 능력이 있다는 걸 알았습니다. 일제 경찰의 협박에 소위 협상 대표라는 이들이 무릎을 꿇으면서 파업은 실패로 끝났지만, 내겐 오히려 시작이었습니다. 함께 일하는 동료들과도 더 긴밀해지고, 동지애 같은 게 생겼지요.

그런데 지난 5월 16일, 내가 다니는 평원고무공장에서 갑자기 노동자들에게 임금 삭감을 통보했습니다. 평원공장은 평양 고무공업 동업회에도 속하지 않은 작은 회사고 노동자 수도 적은데 왜 이랬느냐? 만만한 우릴 상대로 먼저 임금 삭감을 하고서 동업회에 소속된 열두 개 고무공장이 따라 할 작정이었던 거죠. 보니까 다른 공장들이 다 은밀히 지원을 해요. 안 되겠다 싶어서 바로 다음 날 우리는 '임금

인하 반대, 검사원 축출' 등을 요구하며 파업을 시작했습니다. 수는 적지만 노동자들이 거의 다 참여했지요. 5월 22일, 23일에 고무직공조합에서 직공 대회를 소집했는데 여성 노동자가 100명 넘게 모였습니다. 그 대회에서 나랑 같이 일하는 김취선이 의장에 올랐지요. 작년에도 그랬지만, 파업할 때 가장 열심히 끝까지 싸우는 게 여자들이에요. 여자들은 잃을 게 하나도 없으니 무서울 게 없지요.

우리는 똘똘 뭉쳐 12일이나 파업을 이어갔는데 사측이 계속 버티더군요. 그래서 5월 29일부터 투쟁 강도를 높여 단식동맹을 조직하고 공장을 점령했습니다. 우리는 목숨을 걸고 공장을 사수하기로 했지요. 그런데 새벽 1시경, 갑자기 경찰들이 들이닥치더니 우리를 강제로 공장 밖으로 끌어냈습니다. 노동자 49명을 전원 해고하겠다고 협박해도 우리가 굴하지 않자 고용주가 경찰을 끌어들인 겁니다. 공장을 세우고 돈을 벌 때는 민족자본이니 뭐니 내세우지만 결국 자본가와 일제는 한통속이란 걸 뼈저리게 깨달았네요.

한길에 짐짝처럼 내동댕이쳐진 동료들이 대성통곡을 하는데, 그 모습을 보자 가슴이 콱 막히고 '차라리 죽자' 하는 생각이 들대요. 내 한목숨 끊어서 세상 사람들에게 평원 공장의 횡포를 알릴 수만 있다면 죽어도 한이 없겠다 싶어, 바로 광목 한 필을 사 가지고 평양 사람이 다 아는 을밀대로 갔습니다. 처음에는 목 매 죽을 생각으로 옆에 있는 벚나무

가지에 광목을 걸었는데, 가만 생각하니 내가 그대로 죽으면 젊은 과부년이 뭔 짓을 하다가 세상 부끄러워 죽었다고 오해를 받을 것 같아요. 안 그래도 고무공장 다니는 여자라면 흰 눈으로 보는 세상인데. 그래서 기왕 죽을 바에야 을밀대 지붕 위에 올라가서 공장의 횡포를 고발하고 시원하게 죽자고 마음을 먹었지요.”

"그래도 을밀대가 여간 높은 게 아닌데 혼자서 거길 어떻게 올라갔습니까? 남자인 나도 올라갈 엄두가 안 나던데?”

궁금해서 조바심치는 기영을 주룡이 씩 웃으며 쳐다본다. 경찰이나 검사 말만 듣고 기사를 쓰는 여느 기자와 달리 파업 현장을 찾아 노동자 얘기에 귀 기울이는 그의 오지랖이 미덥다. 기영이라면 자신의 목소리를 왜곡하지 않고 세상에 전해줄 것이다. 주룡은 진지하게 말을 이었다.

"죽을 각오로 올랐지요. 말씀마따나 처음엔 그 높은 지붕 위로 올라갈 일이 망연하더이다. 궁리 끝에, 광목 한쪽 끝을 올가미 지어서 지붕마루에 걸어보려고 했는데 아무리 해도 안 되더군요. 맥이 빠져서 멍하니 앉았는데 문득 묘책이 떠올라요. 광목 끝에 묵직한 돌을 묶어서 지붕 건너편으로 던진 다음 당겼더니 팽팽한 게 괜찮습디다. 줄에 매달려 그네를 뛰어서 안전한 걸 확인하고서 줄을 타고 지붕 위로 올라갔습니다. 올라갈 때 애를 좀 먹긴 했지만 그래도 무사히 지붕에 도착했는데, 첨엔 좀 무서웠지만 높은 데서 아래를 내려다보니 속이 시원해지더군요.

그때가 새벽 2시경으로 사방이 적막할 만큼 고요한데, 그 시각에 또 기생을 끼고 산보하는 잡놈들이 두 개나 있습디다. 아무튼지 날이 밝으려면 멀었는지라, 광목을 이불 삼아 한숨 잤습니다. 어찌나 고단했던지 세상모르고 잤는데 갑자기 요란한 소리가 나는 바람에 놀라 깼지요. 어느새 동이 터서, 사람들이 을밀대 아래 우르르 모여 웅성대고 있더군요. 산책 나온 사람들이 나를 보고 모인 거지요. 웬 여자가 을밀대 지붕 위에 올라가 있으니 얼마나 궁금했겠어요. 나는 때는 이때다 하고, 그간 우리가 당한 설움과 고용주들의 농간을 고발하는 연설을 시작했지요."

그날 주룡이 지붕 위에서 한 연설을 기영은 똑똑히 기억한다. 웬 여자가 을밀대 지붕에 있다는 말을 듣고 달려가 보니, 100명도 넘는 사람들이 모여서 마치 예배당에 온 것처럼 진지하게 여인의 말을 듣고 있었다.

"…우리는 49명 우리 파업단의 임금 감하를 크게 여기지는 않습니다. 이것이 결국은 평양의 2300명 고무공장 직공의 임금 감하의 원인이 될 것이므로 우리는 죽기로써 반대하려는 것입니다. 2300명 우리 동무의 살이 깎이지 않기 위해 내 한 몸뚱이가 죽는 것은 아깝지 않습니다. 내가 배워서 아는 것 중에 가장 큰 지식은, 대중을 위해 싸우다 죽는 것이 명예로운 일이란 겁니다. 이래서 나는 죽음을 각오하고 이 지붕 위에 올라왔습니다. 나는 평원고무 사장이 이 앞에 와서 임금 감하 선언을 취소하기까지는 결코 내려가지 않겠습니다. 끝까지 임금 감하를 취소치 않으면 나는 자본가의 착취에 신음하는 근로대중을 대표해 죽음을 명예로 알 뿐입니다. 그러하고 여러분, 구태여 나를 여기서 강제로 끌어내릴 생각은 마십시오. 누구든지 이 지붕 위에 사다리를 대놓기만 하면 나는 곧 떨어져 죽을 뿐입니다."

그가 결연한 어조로 연설을 마쳤을 때 온몸에 전율이 일던 것을 기영은 떠올린다.

"정말 대단한 연설이었습니다. 제 옆에 있던 교회 장로라는 신사분은 감동해서 눈물을 흘리더이다."

"대단하긴요. 그래도 우리 뜻이 전해진 것 같아 뿌듯하긴 했습니다."

"경찰과 아홉 시간이나 대치하다가 결국 강제로 끌려내려왔는데, 몸은 괜찮은가요?"

"사방 경계를 한다고 했지만, 경찰이 뒤에서 사다리를 타고 올라온 줄은 미처 몰라서 좀 놀랐습니다. 지붕 위에서 실랑이를 하다가 갑자기 뒤에서 미는 바람에 그대로 밑으로 굴러 떨어졌지요. 아래 쳐놓은 그물 위로 떨어졌다는데 기억이 나질 않습니다. 충격으로 기절했거든요. 평양경찰서로 끌려가서 뒤늦게 정신을 차린 다음부터는 단식투쟁을 했습니다. 우리의 요구가 관철될 때까지는 단식하기로 동무들과 약속을 했기 때문에, 경찰서에 끌려간 29일 저녁부터 검속 시간이 끝나는 6월 1일 새벽 2시까지 굶으면서 버텼죠. 그러고 풀려나자마자 여기 파업 본부로 돌아왔더니, 그사이에 벌써 고용주가 직공을 새로 모집해서 공장을 돌리려고 수작 중이지 뭡니까. 그에 맞서 싸우느라 동무들이 기진했다가 나를 보고 반가워하는데, 내가 참 나이 많은 선배로 면목이 없습디다.

아무튼지 우리가 계속 투쟁을 하려면 공장을 못 돌리게 하는 게 최우선이라, 바로 대오를 짜서 공장 담을 넘어 들어가 다시 공장 점거 투쟁을 벌였습니다. 그 과정에서 열여덟 먹은 고도실을 비롯해서 안병식·오양도·최용덕이 잡혀갔는데, 이 친구들이 경찰서에 있는 내내 단식투쟁을 했답니다. 6월 3일 저녁에 풀려날 때까지 무려 58시간이나요! 사람들은 저 보고 대단하다지만 그건 우리 조선 여성 노동자들이 얼마나 대단한지 몰라서 하는 말입니다.'

자기보다 어린 여성 노동자가 경찰서에 끌려가 단식까지 했다는 말에 기영은 뭉클하다. 일본 군국주의가 갈수록 위세를 떨치면서 이전까지 민족 운운하던 인사들도 모두 꼬리를 내리고 그 밑으로 기어들어 가는 것을, 기영은 수없이 봐왔다. 그런데 그들이 업신여기는 가난한 여성 노동자들은 어떤가. 한 치도 물러서지 않고 있다.

"듣고 보니 제가 상상했던 것보다 훨씬 더 힘겹게, 꿋꿋하게 싸워오셨습니다. 그 보람이 있으면 좋겠는데, 결과가 어찌 될까요?

"앞날이야 알 수 없는 일이지마는 평양경찰서에서도 평원공장 여공들이 호락호락하지 않은 걸 알았을 테고, 벌써 회사에 무슨 말을 했는지 어제는 사측에서 협상을 하자더군요. 밀어붙여서 될 일이 아닌 걸 이제야 깨달은 모양인데, 아직도 자기네 명예 때문에 파업 직공을 다시 고용할 수 없다니 답답합니다. 그래도 우리 뜻을 분명히 밝혔고 사측도 부담이 크니까 조만간 좋은 소식이 있으리라 믿습니다."

"예, 부디 잘되길 바랍니다. 마지막으로 앞으로의 계획을 말씀해주시지요."

"계획이라면, 그저 우리 조선 노동자들이 해방될 때까지 지금처럼 계속 지치지 않고 싸우는 거지요. 포기하지 않고 버티다 보면 좋은 날이 오리라 생각합니다."

긴 회견에 지친 기색이 역력함에도 주룡의 눈은 여전히 빛난다. 기영은 그를 부신 듯 바라본다. 학교 문턱엔 가보지도 못했으나 삶이 가르치는 진리를 누구보다 성실하게 배운 사람, 그 배움을 실천하기 위해 쉼 없이 의식을 벼리고 남자 이상의 활발한 성격으로 전선을 이끌어온 사람. 일개 노동자를 넘어 투쟁의 선두에 나선 지도자로 우뚝 선 강주룡에게 기영은 고개를 숙였다. 펜을 쥔 언론 노동자로서 자신이 가야 할 길을 가르쳐준 고마운 선배에게 보내는 인사다. 주룡도 웃으며 고개 숙여 인사한다.

해를 넘긴 1932년 8월 15일, 뙤약볕이 내리쬐는 평양 서성대. 이제 막 생겨난 붉은 무덤 주위로 인파가 모여 있다. 그 속에 언제나처럼 취재 수첩을 든 기영의 모습도 눈에 띈다.

"기자 선생 왔다간 다음 날, 한 달에 걸친 파업 투쟁은 사측이 임금 삭감을 철회하면서 끝났습니다. 비록 파업 노동자 전원 복직은 실패했어도, 파업 직공 27명과 새로 모집한 20명을 나눠 채용한다는 타협을 이루었으니 적잖은 성과를 얻은 셈이었지요. 우리는 서로의 노고를 위로하고 절반의 승리를 자축하면서, 울고 웃었습니다. 주룡 선배가, 내 일부터 다시 시작이다, 했던 게 기억납니다."

"파업 끝내고 바로 이튿날, 주룡 언니가 잡혀갔어요. '적색 노동조합'에 가입했다는 죄목으로. 우리가 작은 성과에 기뻐하고 있을 때, 일제와 자본가들은 복수를 계획하고 있었던 겁니다. 해고 노동자를 복직시키는 건 자신의 명예에 흠이 된다더니, 바로 그 불명예를 안겨준 사람을 철창에 가둬 복수한 거지요."

"평양지방법원 예심에 회부돼 1년을 감옥에 있었는데

거기서도 싸움을 멈추지 않았어요. 고문을 심하게 당한 데다 그 몸으로 옥중 투쟁까지 했으니…. 신경쇠약에 소화불량이 얼마나 극심했던지 밥 한술 제대로 삭이지 못했습니다. 반송장이 되니까 일본 놈들이 행여나 감옥에서 죽을까 봐 병보석으로 풀어줬는데, 처음엔 몸이 좀 나아지는 것 같더라고요. 제대로 병원 치료를 받았으면 나았을지도 모르죠. 하지만 우리도 사는 게 빡하니 큰 도움을 못 주고, 결국 병원 한번 못 가보고 두 달을 끙끙 앓다가 그만… 흑흑."

울음소리가 높아진다. 뜨거운 8월의 묘지에 모인 100여 명의 노동자들이 몸을 떨며 울고 있다. 그 서럽게 가난한 얼굴들에 또 다른 얼굴이 겹친다. 곧게 뻗은 콧날, 안광을 발하던 눈, 시원한 미소. 기영은 취재 수첩을 펼쳐 마지막 문장을 적는다.

'1932년 8월 13일 오후 3시경, 강주룡은 세상을 떴다. 평양 서성리 빈민굴에서 처음처럼 빈 몸으로. 아무 가진 것 없는 그가 생을 마감할 때, 작은 움막은 벗들의 흐느낌으로 가득 찼다. 수백의 노동자가 그의 마지막을 위해 손을 보탰다. 이틀 뒤 강주룡은 수많은 여남 노동자들이 지켜보는 가운데, 평양 서성대 묘지에 안장되었다. 뜨거웠던 삶을 기리는 태양의 조문이 오래 뜨거웠다.'

## 담대한 여인

— 1900 - 1991

# 정
# 정
# 화

"얻고 싶었던 것을 얻었고 가고 싶었던 곳을 찾아가는 지금, 나는 그토록 갈망했던, 제 한 몸을 불살랐으나 결국 얻지 못하고 찾지 못한 채 중원에 묻힌 수많은 영혼들을 생각해야 한다. 그들을 대신해 조국에 가서 보고해야만 한다. 싸웠노라고, 조국을 위해 싸웠노라고. 나는 아들의 손을 움켜쥐었다. 그리고 손끝으로 말해주었다. 조국이 무엇인지 모를 때에는 그것을 위해 죽은 사람들을 생각해보라고. 그러면 조국이 무엇인지 알게 된다고."

회고록 《장강일기》 중에서

**정정화 초상**
윤석남, 2020년,
한지 위에 채색,
210×94cm, 작가 소장

**정정화 연필 드로잉**
윤석남, 2020년, 종이 위에 연필,
45×34cm, 작가 소장

한 아이가 태어나 첫울음을 울 때 그 아이의 일생을 누가 알겠는가.

새벽 5시, 사위는 아직 캄캄하다. 어느새 왔다 갔는지, 머리맡에 아범이 두고 간 조간이 가지런히 놓여 있다. 그러나 정화는 신문을 펼칠 생각도 않은 채 우두커니 앉았다. 뱃전에서 넘실거리던 시커먼 물살, 발밑에서 울리던 깊은 강 울음. 오래전 기억이 꿈의 잔영이 되어 선연히 떠오른다.

스무 살 적이니 60년도 더 된 일이다. 조선에서 구한 독립자금을 가슴에 품고 처음으로 차가운 압록강을 건넜던 그 밤. 불쑥 떠오른 옛 기억이 다른 기억들을 끌고 나오려는 것을 정화는 가벼운 고갯짓으로 털어버린다. 대갓집 셋째 딸로 태어나 갖은 사랑을 받은 그가 집도 절도 없는 망명객이 되어 길 위에서 반생을 보내고, 간신히 돌아온 조국에서 과부 아닌 과부로 남편의 생사조차 모른 채 살아갈 줄 누가 알았으랴.

그러나 그는 한 번도 한탄하거나 원망한 적이 없다. 스스로 택한 길이다. 그 길이 이리 굽고 험한 길로 이어질 줄 그때는 몰랐지만 설사 알았더라도 별다르지 않았으리라. 그는 젊었고, 젊음은 안위가 아니라 당위를 택하는 법. 그는 그 젊음을 후회한 적이 없다. 구순을 앞둔 지금도 그런 젊음이 제 안에 불씨처럼 남아 있기를 바랄 뿐이었다.

그가 첫울음을 운 것은 1900년 8월 3일 서울 장사동이 었다. 무관 출신인 할아버지와 아버지는 병조참판을 거쳐 각각 공조판서와 수원유수를 지낸 고위 관료였다. 그는 '양 대 판서 집'으로 불리던 이 대갓집의 2남 4녀 중 셋째 딸로 태어났다. 아버지 정주영과 어머니 김주현은 작고 예쁜 딸 에게 '묘희'라는 이름을 지어주었다. 어린 묘희에겐 부족한 것이 없었다. 을사늑약이 체결된 1905년 부친이 관직에서 물러났지만 고향인 예산에 적잖은 땅이 있었기에 살림은 넉넉했고, 부모님은 물론 터울 많은 큰오빠와 두 언니, 두 살 위 오빠까지 온 집안 식구들은 넘치는 사랑을 주었다.

그럼에도 묘희는 갈증을 느꼈다. 배움에 대한 갈증이었 다. 완고하고 보수적인 아버지는 딸은 언문이나 깨치면 된 다고 여겼다. 이미 많은 양반가에서 자식들을 신식 학교에 보내던 시대에도 아들을 서당에 보내 한학만 배우게 한 아 버지였다. 딸을 가르친다는 생각이 떠오를 리 없었다.

그러나 묘희는 배움을 포기하지 않았다. 아버지 몰래 오 빠를 따라 서당에 다니며 여섯 살 때 벌써 천자문을 떼었다. 아홉 살에 서울 집에 와서는 아버지가 오빠들에게 붙여준 가정교사 밑에서 한학 공부를 이어갔다. 이번에도 아버지 의 눈을 피한 도둑 공부였다. 어느 날 가정교사는 아버지에 게 어린 묘희의 영특함을 칭찬하며 공부를 시키자고 했다. 완고한 아버지도 이 "예쁘고 영리한 것"의 재능을 더는 모른 척할 수 없었다. 그는 "소학까지만"이란 단서를 달아 딸의 글공부를 허락했다. 덕분에 묘희는 처음이자 마지막으로 아무 걱정 없이 공부에만 전념할 수 있었다.

어린 시절은 짧았다. 1910년 가을, 죽기 전에 손녀를 시집보내겠다는 조부의 고집에 떠밀려 그는 꼬마 신부가 되었다. 상대는 동갑내기 김의한이었다. 신랑의 아버지 김가진은 서얼 출신으로는 최초로 종일품까지 오른 인물로, 일찍이 김옥균, 서재필 등과 교류하며 독립협회에도 주도적으로 참여한 개화파였다. 독립문 글씨도 그가 쓴 것이었다. 을사늑약 이후 관직에서 물러난 그는 대한협회 회장을 맡아 국권회복운동을 벌이기도 했으나, 나라가 망한 이즈음엔 집에서 두문불출하고 있었다.

시집살이는 매서웠다. 서른셋 젊은 시어머니는 열 살짜리 맏며느리를 혹독하게 다루었다. 친정마저 예산으로 낙향해 의지할 데 없는 그에게, 그나마 자상하고 인자한 시아버지가 있어 위안이 되었다. 매동소학교와 중동중학교에서 신학문을 배우던 남편 김의한이 들려주는 세상 소식도 숨통을 틔워주었다.

실의에 빠진 시아버지 김가진을 일으켜 세운 것은 1919년 3·1운동이었다. 묘희의 큰오빠 정두화를 통해 김가진은 비밀결사 대동단의 단장 전협을 만났고, 일흔넷 고령에 대동단 총재를 맡으며 독립투쟁에 뛰어들었다. 이런 내막은 모른 채로, 묘희는 모처럼 활기를 띤 시아버지의 모습에 흐뭇했다. 곧 첫 손주도 태어날 예정이었다. 그러나 그해 여름, 묘희는 결혼하고 처음 얻은 아이를 낳자마자 잃었다. 말로 할 수 없는 아픔 속에 뒤미처 두 번째 충격이 찾아왔다.

가을이 깊어가던 10월 말, 시어머니가 신문 한 장을 건넸다. 신문에는 남편과 시아버지가 10월 10일 상하이로 망명했다는 기사가 실려 있었다. 어지간한 일에는 눈도 깜짝하지 않는 묘희도 이 뜻밖의 소식에는 놀라지 않을 수 없었다. 안 그래도 남편이 시아버지를 모시고 나간 뒤 감감무소식이라 걱정하던 차였다. 놀람과 안도감이 교차했다.

일제로부터 남작 작위까지 받은 고위 인사 김가진의 망명은 국내외의 큰 관심을 불러일으켰다. 대동단은 김가진 부자에 이어 잇달아 의친왕 이강의 망명을 추진했다. 그러나 11월 초 이강이 국경 지역에서 붙잡히며 조직은 노출되고 전협, 정두화 등 간부 대부분이 체포당했다. 은행가로서 대동단에 자금을 댔던 오빠 정두화는 요행히 풀려났으나, 최익한 등 단원 30여 명은 옥고를 치렀고 단장 전협은 옥중에서 목숨을 잃었다.

몇 달 사이에 일어난 일생일대의 변화는 묘희를 뒤흔들었다. 첫딸의 죽음, 대의를 위해 노년의 평안을 버린 시아버지의 결단, 묵묵히 독립운동을 지원한 오빠의 헌신. 묘희는 자신에게 물었다. 어떻게 살 것인가? 1920년 새해를 맞은 며칠 뒤, 묘희는 마음을 굳혔다. 시어머니에게는 친정에 다녀오겠노라고만 하고 아버지를 찾아 자신의 뜻을 알렸다.

"상하이에 가서 시아버지를 모시면 어떨까요?"

아버지는 그 길이 얼마나 힘든지 아느냐 거듭 다짐을 받은 뒤 거금 800원을 내주었다. 독립자금이었다. 그리고 펑톈(봉천)에서 장사를 하던 친척 정필화를 길잡이로 주선해주었다. 한나절 만에 길채비를 끝내고, 그날 밤 묘희는 서울역에서 의주행 열차에 올랐다. 스무 살 겁 없는 여인은 그렇게 나고 자란 조국을 떠났다. 도피도 안주도 아닌, 또 다른 비바람을 맞기 위해 스스로 나선 길이었다.[5]

의주에서 펑톈을 거쳐 열흘 넘게 기차를 달린 끝에 1월 중순 어느 이른 아침, 묘희는 마침내 상하이에 당도했다. 무턱대고 조선 사람들 사는 곳을 물어 찾은 곳은 임시정부 초기 의정원장을 지낸 손정도 목사의 집. 자초지종을 들은 손정도는 깜짝 놀라 김가진 부자가 사는 집으로 안내했다. 갑자기 나타난 묘희를 보자 늙은 시아버지는 어린아이처럼 기뻐했다. "잘 왔다. 고생했다. 참 잘 왔다. 용기 있다."

오기를 잘했구나. 비로소 마음이 놓였다.

그날부터 망명의 삶이 시작되었다. 묘희는 집안 남자들의 돌림자를 따서 정화로 이름을 바꾸고 스스로 수당修堂이란 호를 지었다. 심신을 갈고 닦아 가지런히 한다는 뜻이 담긴 호였다. 이후 생을 마감할 때까지 70년간, 그는 수당이란 그 뜻 그대로 살았다.

　　망명 생활이 어려울 건 짐작했지만, 직접 본 시아버지와 남편의 상하이 생활은 그야말로 애옥살이였다. 임시정부에서는 김가진을 원로로 깍듯이 대접했지만 모두가 힘든 형편이었다. 정화는 연로한 시아버지를 조금이라도 잘 봉양하려 있는 힘을 다했다. 하는 일은 서울에서와 마찬가지로 주부의 일이었으나, 그는 임시정부의 일원으로 임정의 어른을 모신다는 마음을 잊지 않았다.

　　박은식, 이시영, 이동녕 등 혁명투사들이 집에 올 때마다 김가진은 꼭 정화를 불러 인사시켰고, 남편도 중요한 일이 생기면 빠짐없이 얘기해주었다. 덕분에 정화는 임정의 안팎 사정에 대해 좀 더 분명히 알게 되었다. 상하이에 올 때는 임정이 조만간 큰일을 벌이지 않을까 기대했으나 막상 와보니 하루하루 연명하기에 급급한 현실이었다. 정화는 다시 한번 결단을 내렸다.

　　그는 큰오빠 정두화와도 친분이 있는 법무총장 신규식을 찾아갔다.

　　"엉뚱한 소견인지 모르겠습니다만, 제가 친정에 가서 돈을 좀 얻어올까 하는데요."

　　신규식은 머뭇거렸다. 위험을 생각하면 말려야 하나 임정을 생각하면 말릴 수가 없었다. 하지만 걱정하는 신규식과 다르게 정화는 오히려 담담했다. 작은 체구와 달리 그는 원체 겁이 없었다. 이를 보여주는 일화가 있다.

처음 시집살이를 시작한 백운장은 인왕산 기슭에 숲으로 둘러싸인 대저택이었다. 인왕산 호랑이가 유명하던 시절, 어느 날 어스름한 마당에서 정화는 커다란 범과 딱 마주쳤다. 그러나 열댓 살밖에 안 된 소녀는 겁을 먹기는커녕 담담히 범을 바라보았다. 그 시선이 무안했을까, 범이 먼저 자리를 피했다. 대담부적大膽不敵, 적을 적으로 여기지 않을 만큼 담이 크다는 말 그대로였다. 훗날 임정 내무장 조완구가 "정정화의 온몸이 전부 담膽"이라 한 것은 과장이 아니었다.

결국 신규식은 정화의 뜻을 받아들였고, 내친 김에 친정에서 돈을 구한다는 사적인 계획을 임시정부의 자금 조달이라는 공식 임무로 바꾸었다. 이에 따라 국내 잠입은 임정의 비밀 연락망인 연통제를 이용하고, 대동단 사건으로 삼엄한 감시를 받는 친정을 피해 다른 곳에서 자금을 구하기로 했다. 김가진이 유력 인사들에게 독립자금을 부탁하는 편지를 썼다. 한지에 백반 물로 글씨를 써서 얼핏 보면 백지 같지만 불에 쪼이면 글씨가 드러나는 암호편지였다(나중에 이 방법이 탄로난 뒤에는 편지지를 노끈처럼 꼬아 묶는 방법을 썼다).

3월 초, 정화는 김가진 부자가 망명할 때 이용한 이륭양행의 배를 타고 압록강 근처 단둥(안동)으로 갔다. 이륭양행 사장 조지 쇼는 영국의 식민지인 아일랜드 출신으로, 독립운동가들에게 교통편을 제공하고 의열단의 무기 수송까지 도와준 든든한 후원자였다. 단둥에 도착한 정화는 일본 형사란 신분을 이용해 연통제를 책임지고 있던 최석순을 찾았다. 정화는 그의 누이동생으로 위장해 압록강 철교를 건넜다. 신의주에서는 또 다른 조직원 이세창이 그를 도왔다. 세창양복점 주인이며 재단사인 이세창은 양복점을 비밀 연락처 삼아 지하요원으로 활동하고 있었다. 그는 직접 표를 끊어 역까지 데려다준 뒤, 투박한 평안도 사투리로 말했다.

"몸조심하라요. 자기만 생각할 거이 아니라 남도 생각을 해야 하는 일이야요. 기래야 또 들어올 수 있으니까니. 내레 솔직하게 한마디 하갔는데, 젊은 아주머니레, 더구나 귀골로 곱게 산 사람이 이런 일을 하리라고는 꿈에도 생각 못 했시다. 독립운동 하는 유명한 사람들이래 다 이런 험악한 일을 하는 건 아니디요? 기렇디요? 나 같은 놈이나 하는 일인 줄 알았거든."[6]

입을 열면 눈물이 나올 것 같아 정화는 말없이 고개를 숙였다. 나라에서 뭘 받기는커녕 권력자들의 압제에 억눌리기만 한 사람이 망한 나라를 찾겠다며 목숨을 걸고 싸우는 모습에 가슴이 먹먹했다. 이 나라의 주인은 과연 누구이며, 독립운동은 누구를 위한 것인가? 한 번 떠오른 질문은 이후로도 오래 정화의 뇌리에서 지워지지 않았다.

서울에 도착한 정화는 세브란스병원 의사인 신필호의

64

집에 은신하며 김가진이 지시한 사람들과 접촉했다. 그러나 사람들은 몸을 사렸고, 기대만큼의 성과를 거두지 못한 채 20일 만에 짐을 쌌다. 신의주로 돌아온 정화는 이때도 이세창의 도움을 받아, 밤에 쪽배를 타고 압록강을 건너 상하이로 돌아갔다. 모금 액수는 예상보다 훨씬 적었으나 시아버지와 남편, 임정 사람들 모두가 여자 혼자 그런 큰일을 했다니 대단하다며 치켜세웠다.

1921년 봄, 정화는 또다시 자금을 구하러 국내에 잠입했다. 망명 이후 처음 친정을 찾아가자, 아버지는 유학을 가서 공부를 더 하면 어떻겠냐고 권했다. 과거엔 딸의 교육을 막던 아버지였으나 정화의 남다른 능력과 시대의 변화를 깨달은 뒤로는 아까운 생각이 자꾸 들었다. 하지만 정화는 시아버지를 모셔야 한다며 아버지가 건네주는 돈만 받아 돌아왔다.

늙은 아버지보다 젊은 자신이 더 보수적이라는 생각에 쓴웃음이 났으나 정화는 자신의 선택을 후회하지 않았다. 상하이에는 외국 유학을 하고, 단체를 조직하고, 심지어 직접 총을 들고 싸우는 여성들이 적지 않았다. 정화는 그들을 인정하고 존중했지만 자신에겐 그들과 다른 길이 있다고 생각했고 그 길에 최선을 다했다. 독립자금을 위해 몰래 국경을 넘는 일이나 부엌에서 임정 어른들의 밥을 짓는 일이나 그에게는 똑같은 의미였다. 누군가는 해야 할 일을 내가 할 수 있으니 한다는 마음, 그 이상도 이하도 아니었다.

1922년 6월 정화는 세 번째로 밀입국을 시도하다 마지막 순간 체포되었다. 연통제가 붕괴되고 이세창도 붙잡혀간 상태에서 잠입을 강행한 건, 상하이를 떠나 만주로 갈 자금을 마련하기 위해서였다. 당시 임시정부는 지리멸렬한 상태였고, 일찍부터 무장투쟁을 지지했던 김가진은 만주로가서 독립군에 합류하길 바랐다. 마침 북로군정서의 김좌진이 함께하자는 편지를 보냈다. 고령에 건강도 나쁜 김가진에게는 마지막 기회였다. 정화도 외교 독립은 불가능하다고 믿었기에 어떻게든 시아버지의 뜻을 이뤄드리기 위해위험을 자처했다. 그러나 일은 틀어지고, 정화는 종로경찰서까지 끌려갔다. 다행히 상하이 생활이 힘들어 친정으로가는 길이라는 핑계가 통해 간신히 풀려날 수 있었다.

그러나 나쁜 일은 한꺼번에 닥친다더니, 곧이어 상하이에서 부음이 전해졌다. 친정아버지가 준 독립자금은 시아버지의 장례비가 되었다. 구한말 대신을 지낸 이들 중 독립운동에 뛰어든 사람은 김가진이 유일했다. 일제의 귀족으로 부귀를 누릴 수 있었으나 모든 걸 버리고 망명하여, 끝내는 이국땅에서 굶어 죽다시피 한 김가진의 마지막 길을 수많은 이가 눈물로 함께했다.

장례가 끝난 뒤 의한과 정화는 고민 끝에 미국 유학을 결심했다. 사분오열된 임시정부의 현실을 보며 부부는 앞날을 위해서는 공부가 필요하다는 결론을 내렸다. 그해 가을 정화는 귀국해 아버지를 찾았다. "봄에 쌀을 팔아 학비를 마련해주마." 아버지는 흔쾌히 지원을 약속했다. 정화는 서울 근화학원에서 영어를 배우며 미국행을 준비했다.

그러나 이듬해 봄, 친정아버지가 갑자기 세상을 뜨면서 모든 계획은 물거품이 되고 말았다. 스물넷 정화 부부는 정신적 물질적 지주였던 두 어른을 잃고 오롯이 둘의 힘으로 삶을 개척해야 했다.

정화가 임시정부의 안주인으로 불리며 26년간 임시정부의 역사를 함께한 것은 제 의지로만 된 일은 아니었다. 두 어른의 죽음으로 만주행과 미국행이 틀어지며 상하이를 떠나지 못한 외부 상황 때문이기도 했다. 어찌 보면 마지못해 상하이에 남게 된 것이지만, 정화는 상황을 탓하거나 주저앉지 않았다. 최선이 아니면 차선을 찾아 최선을 다하는 사람이 정정화였다.

1928년 외아들 후동(후에 자동으로 개명)이 태어났다. 국내에서는 6·10만세운동, 광주학생운동이 일어나고 신간회가 전국적으로 조직되는 등 대중들의 저항이 꾸준히 이어지고 있었으나, 임정은 지도부 몇이 간신히 명맥만 이어가는 형편이었다. 더구나 1931년 일제의 농간으로 조선 이주민과 중국인들이 충돌한 만보산 사건이 일어나고 곧이어 일제가 만주를 침략해 점령하면서, 임정은 물론 만주를 무대로 활동하던 독립운동 세력까지 큰 타격을 입었다.

고립무원의 상황을 타개하기 위해 임시정부는 김구의 주도 아래 대일 테러를 계획했다. 1932년 1월 이봉창의 일왕 암살 시도는 실패로 끝났으나, 4월 29일 상하이 홍커우(홍구)공원에서 일본군의 승전 축하식을 겨냥한 윤봉길의 수류탄은 대성공을 거두었다. 조선인을 냉대하던 중국인들의 시선이 달라지고 각계에서 성원이 답지했다. 국민당 정부도 임정을 적극적으로 지원하기 시작했다.

그러나 의거의 성공은 임시정부의 기회임과 동시에 위기였다. 안창호가 경찰에 체포돼 국내로 압송당했다. 정화네 가족은 다른 임정 식구들과 함께 서둘러 상하이를 탈출했다. 이 길이 이후 8년간 5000킬로미터가 넘는 대장정으로 이어질지 그때는 누구도 알지 못했다.

임시정부의 첫 도착지는 저장성 자싱(가흥)이었다. 정화는 임정 어른들을 모시고, 늙고 병든 임정 식구들을 보살피며 임정이 자리 잡는 데 손을 보탰다. 사방에서 후원금이 들어와 형편은 훨씬 나아졌으나, 돈이 생기자 분란과 구설도 같이 늘었다. 반면 투쟁은 벽에 부딪혔다. 상하이라는 안정된 근거지를 잃고 일경을 피해 다녀야 하는 상황에서 더 이상 전과 같은 투쟁은 불가능했다. 점점 더 커지는 일제의 군사력에 맞서기 위해서도 이제는 개별적, 일회적인 테러가 아니라 조직적이고 지속적인 무력투쟁이 필요했다.

의열단을 이끌던 김원봉이 먼저 난징에서 조선혁명군 사정치간부학교를 설립했다. 김구도 난징으로 활동 무대를 옮겨, 김홍일의 주선으로 중국 국민정부 산하 군관학교에 한인 특별반을 만들었다. 그러나 일본이 항의하자 국민정부는 1년 만에 특별반을 해산했다. 지지부진한 상태가 계속되자 남편 의한은 지원금을 축내느니 밥벌이라도 하겠다며 중국 관청에 취직했다. 망명 이후 처음으로 생활이 안정되면서 모처럼 공부할 여력이 생겼다.

부부는 중국인들과 교류하며 본격적으로 중국어를 익히고 신문, 잡지 등을 보며 세상 보는 눈을 키웠다. 특히 정화는 김구의 병든 아내와 노인들을 수발하는 바쁜 와중에도 틈만 나면 책을 들고 역사와 국제정세를 공부했다. 아들이 학교에 들어간 뒤에는 자신이 먼저 교과서를 공부해서 아이를 가르쳤다. 훗날 예순의 나이에도 손녀의 교과서로 독일어를 독학할 만큼 그의 향학열은 남다른 데가 있었다. 단지 많이 알고 싶은 욕심이나 지적 허영이 아니었다. 식민지 약소국이 열강들 틈에서 독립하려면, 시대의 흐름과 국제정세를 정확히 알고 제대로 대응하는 것이 무엇보다 중요함을 알기 때문이었다.

세상을 분석하는 식견이 생기면서 정화도 조금씩 정치 활동에 참여하기 시작했다. 1935년 11월 임시정부 요인을 중심으로 한국국민당이 창립하자 김의한과 함께 이름을 올렸다. 정화가 단체에 적을 둔 것은 이것이 처음이었다. 한국국민당은 정치·경제·교육의 삼균주의에 입각한 민주공화국의 수립을 내걸고, 토지와 대생산기관의 국유화 등을 주장했으며, 무장투쟁을 운동 방략으로 채택했다.

1937년 7월 7일 중일전쟁이 시작되었다. 일본과의 투쟁이 본격화된 것이다. 일본군의 공세는 빠르고 거셌다. 국민당과 공산당이 힘을 합쳐 막았지만 역부족이었다. 국민정부는 충칭(중경) 천도를 결정했고, 임정도 진강(전장)에서 난징을 거쳐 창사(장사)로 근거를 옮겼다. 100여 명에 이르는 가족들도 한커우(한구), 우창(무창) 등을 거쳐 창사로 모였다. 김의한도 직장을 버리고 창사에 합류했다. 당시 의한은 임정 국무원 비서로 차리석을 도와 국무원 살림을 책임지고 정화는 임정의 안살림을 도맡다시피 했으니, 부부가 안팎에서 임정을 꾸려나간 셈이었다.

1938년 여름 임정의 대가족은 일본군을 피해 창사를 떠나 광저우(광주)로 향했고, 거기서 다시 포산(불산)과 류저우(유주)를 거쳐 치장(기강)으로 계속 이동했다. 시도 때도 없는 공습을 피해 강을 넘고 산을 오르는 필사의 탈출은 이듬해 4월까지 이어졌다.

'만리장정'의 험난한 피난길에서 궂은일을 도맡아 하는 정화는 모두의 든든한 버팀목이었다. 노인들 수발부터 중국인과의 의사소통에 아이들 교육까지 그의 손이 미치지 않는 일은 드물었다. 특히 홀로 지내는 연로한 국무위원들의 매 끼니를 챙기고 간병하는 것은 결코 쉬운 일이 아니었다. 집안 살림이란 것이 그렇듯 꼭 필요하지만 누가 알아주지도 표가 나지도 않는 일이었고, 몸은 물론 마음까지 고단한 일이었다.

그러나 정화는 자신을 필요로 하는 일이라면 무엇도 마다하지 않았다. 남들이 알아주길 바라기는커녕 오히려 자신을 대단하다고 치켜세우는 걸 더 못 견뎌 했다. 세월이 흐른 뒤에도 그는 망명 초기에 만난 이세창을 잊지 않았다. 그이처럼 국내에서 만주에서 독립과 해방을 위해 헌신하는 유명 무명의 애국자들을 떠올리며 그는 부끄러움을 느꼈고, 더 열심히 하자고 자신을 재우쳤다.

1939년 4월 김구의 어머니 곽낙원이 충칭에서 별세했단 소식이 전해졌다. 이듬해 3월엔 임정 주석 이동녕이 세상을 떴다. 부모같이 모시던 두 어른을 잃은 정화는 깊은 슬픔에 잠겼다. 이대로 독립의 꿈도 지고 마는가, 절망감마저 들었다. 다른 이들도 비슷했다.

절망과 위기의식은 연대의 필요성을 일깨웠다. 임정 산하의 정당이라도 먼저 통합하라는 이동녕의 유언에 따라, 그해 5월 세 당이 통합해 한국독립당을 창당했다. 정화도 참여해 산하단체인 한국혁명여성동맹의 간사를 맡았다.

그는 평소 김원봉의 부인 박차정을 여러 차례 병문안하고 중도좌파에 속하는 김규식의 부인 김순애와 가깝게 지내는 등, 이념을 떠나 여러 민족운동가들과 함께하려 애썼다. 그랬기에 1943년 각 정파의 여성들이 힘을 합쳐 대한애국부인회를 재건하는 데도 앞장섰다. 그는 부인회에서 훈련부 주임을 맡아, 광복군을 후원하고 아이들에게 민족교육을 실시하고 국내외 한인여성의 단결을 촉구하는 등 다양한 활동에 참여했다.

그즈음 일제는 기세가 꺾였고 국제정세도 변하기 시작했다. 그는 하루빨리 광복군과 조선의용군이 힘을 합해 일본군을 몰아내고 조선을 해방시키기를 바랐다. 그러나 꿈이 이루어지기 전, 1945년 8월 15일 해방이 먼저 왔다. 기쁨과 불안이 교차했다.

우여곡절 끝에 임시정부에서는 11월 하순 정부 요인 10여 명만이 귀국했다. 미국의 반대로 '임시정부'가 아닌 '개인 자격'의 귀국이었다. 정화네 가족은 이듬해 1월에야 귀국길에 오를 수 있었다. 스물에 와서 마흔여섯에 돌아가는 길. 배가 대륙의 물길을 따라갈 때, 정화의 뇌리에 그리운 이들이 스쳐 갔다. 이 길이 어떤 길인가, 정화는 입술을 깨물었다.


"얻고 싶었던 것을 얻었고 가고 싶었던 곳을 찾아가는 지금,

나는 그토록 갈망했던, 제 한 몸을 불살랐으나 결국 얻지 못하고 찾지 못한 채 중원에 묻힌 수많은 영혼들을 생각해야 한다. 그들을 대신해 조국에 가서 보고해야만 한다. 싸웠노라고, 조국을 위해 싸웠노라고. 나는 아들의 손을 움켜쥐었다. 그리고 손끝으로 말해주었다. 조국이 무엇인지 모를 때에는 그것을 위해 죽은 사람들을 생각해보라고. 그러면 조국이 무엇인지 알게 된다고."[7]

예상은 했지만 26년 만에 돌아온 조국에서 정화는 기쁨보다 슬픔을 더 많이 겪었다. 단독 정부 수립에 반대하던 김구는 1949년 6월 26일 육군장교 안두희가 쏜 총에 맞아 쓰러졌다. 흰 천에 덮인 그의 시신 앞에서 정화는 눈물조차 흘릴 수 없었다. "후동 어멈, 밥 좀 해줄라우?"하며 아기를 받아 안던 자상하고 소박한 자연인의 죽음 앞에 그는 말을 잃었다.

그러나 그것은 시작일 뿐이었다. 하나의 나라가 둘로 쪼개진 불안한 해방은 끝내 전쟁이라는 참혹한 결과를 낳았다. 김구가 죽고 1년 뒤, 전쟁이 일어났다. 정부가 먼저 도망가버린 서울에 정화의 가족은 남았고, 그것은 또 다른 비극으로 이어졌다. 9·28수복이 멀지 않던 어느 날, 자동차 한 대가 집 앞에 섰다.

"김의한 선생님, 조소앙 선생 댁에서 모임이 있으니 가시죠.”

　불길한 예감에도 정화는 남편을 잡지 못했다. 그것이 남편과의 마지막이었다. 김의한은 조소앙, 김규식, 조완구, 엄항섭 등과 함께 북으로 끌려갔다. 처음으로 정화는 왜 이리 매정하고 야박하냐고 조국을 원망했다. 차라리 나를 벌하라고, 내가 붙들고 있는 사람을 부르지 말라고 하소연했다. 그러나 조국은 언제나처럼 침묵할 뿐이었다. 아니, 침묵이 아니라 더욱 가혹한 대답을 내놓았다.

　이듬해 9월, 이번에는 정화 본인이 부역죄란 죄목으로 체포되었다. 경찰서에서 그는 친일 경찰에게 손찌검까지 당하며 가혹하게 취조당했다. 가까스로 집행유예로 풀려났지만, 차디찬 감옥에서 친일 경찰에 수모를 당하며 한 달을 지낸 기억은 잊히지 않았다. 겁 없이 압록강을 넘던 뜨거움은 이날 이후 사라졌다.

　세월이 흘러 1972년 7·4남북공동성명이 발표되었을 때, 정화는 오랜만에 희망을 가졌다. 웬만해서는 감정을 드러내지 않는 그가 기뻐하는 모습에 식구들이 놀랄 정도였다. ‘어쩌면 남편을 만날 수 있지 않을까, 아니 생사라도 확인할 수 있지 않을까.’ 그러나 기대는 산산조각이 났다. 10월 유신이 선포되고 남북대화는 끊겼다. 정화가 수십 년간 써온 일기장을 불태운 건 그 무렵이었다. 일기장 첫머리에 정화는 이렇게 적었었다.

"한 아이가 태어나 첫울음을 울 때 그 아이의 일생을 누가 알겠는가."

그 문장처럼, 상상도 못한 일들로 점철된 일생이었다.

어둠 속에서 불길이 일기장을 집어삼키던 그 새벽을 정화는 오랜만에 떠올린다. 그때는 다 끝이라 여겼으나 아주 끝은 아니었구나 싶다. 삶이 이어지는 한 역사도, 희망도 끝나지 않으리라. 부지런한 손주들이 아침을 여는 소리가 들린다. 정화의 얼굴에 가만한 미소가 떠오른다. 아침이다. 새날이다.

정정화

# 천재, 혁명을 꿈꾸다

— 1914-?

# 박
# 진
# 홍

"10년의 감옥 생활을 빼면 이제 겨우 스물세 살이라니까요. 그래서 이따금씩 꿈을 그리다가 현실 앞에 깜짝 놀라곤 해요. 가정은 민주주의적이긴 합니다. 서로 다 혁명운동에 이해가 있지요. 그러나 집사람도 봉건의식이 조금은 남아 있어요. 내가 무얼 쓰면 여자가 저런 걸 쓴다고 퍽 신기하게 여겨요."

〈여류혁명가를 찾아서─박진홍〉, 《독립신보》,
1946년 11월 14일 자 인터뷰 중에서

박진홍 초상
윤석남, 2020년
한지 위에 채색,
210×94cm, 작가 소장

위) 박진흥 채색 드로잉
윤석남, 2020년, 한지 위에 채색,
45×34cm, 작가 소장,

아래) 박진흥 연필 드로잉
윤석남, 2020년, 종이 위에 연필,
45×34cm, 작가 소장,

## 그리운 벗 이효정에게[8]

효정아, 참으로 오랜만에 네 이름을 불러본다. 잘 지내
냐는 안부 인사조차 건네기 민망한 시절, 잘 지내느냐? 아
마도 쉽지 않은 세월을 살고 있겠지. 이런 세월을 살려고 그
리 지독한 시간을 견디었던 건 아닌데. 이래서 푸시킨이 '삶
이 그대를 속일지라도 슬퍼하거나 노여워 말라'고 하였나
보다. 하긴 원망할 게 뭐겠니. 지독했던 그때가 가장 아름다
운 때였으니 말이다. 우리에겐 두려움 없는 꿈이 있었고 그
꿈이 우리를 펄펄 살아 있게 했지.

우리가 처음 만났던 1928년 봄이 생각난다. 열네 살 되
던 그해, 나는 부모님을 따라 함경북도 명천에서 막 서울로
온 참이었다. 명천은 산과 바다가 어우러진 참 아름다운 고
장이란다. 하지만 광산으로 큰돈을 번 일제와 몇몇 부자들
을 제외하곤 대부분의 사람들이 가난을 면치 못했고 우리
집도 마찬가지였어. 결국 부모님은 보통학교를 졸업한 나
를 데리고 고향을 떠나셨다. 학창 시절 내내 일등만 한 똑똑
한 딸도 가르치고, 굶기를 밥 먹듯 하는 궁핍한 살림도 벗어
날까 싶어 서울로 오신 것이지.

서울에서 공부하는 건 기뻤지만 학비 때문에 나는 마
냥 좋아할 수만은 없었다. 그런데 천도교에서 세운 동덕여
자고등보통학교는 그런 내게 더없는 보금자리가 되어주었

박진홍

어. 나는 금방 선생님들의 인정을 받았고, 덕분에 입주 가정교사로 들어가 먹고 자는 건 물론 학비까지 해결할 수 있었다.

그렇게 시작한 학교생활은 내 삶의 기쁨이 되었다. 개교 이래 최고의 천재라는 말을 들을 만큼 인정을 받기도 했거니와 무엇보다 좋은 사람들을 많이 만났으니까. 훗날 조선어학회 사건으로 감옥에서 돌아가신 이윤재 선생님, 창씨개명에 반대해 자결한 신명균 선생님, 일제의 감시망을 뚫고 국내에서 투쟁을 계속한 이관술 선생님 같은 훌륭한 스승을 만났고, 평생의 벗이자 동지가 된 씩씩한 이순금과 속 깊은 너를 사귀었으니 말이야.

이관술 선생님의 이복동생인 순금이는 첨부터 정이 갔지만, 솔직히 널 처음 봤을 땐 얼굴이 갸름하니 곱고 말수가 적어서 새침데기라고 생각했단다. 그런데 너희 집안이 증조할아버지 때부터 대대로 항일운동을 했다는 걸 알고 놀랐어. 너 역시 누구보다 뜨거운 열혈 투사였으니, 내가 사람 보는 눈이 너무 없었지.

효정아, 지금도 그때처럼 시를 외니? 우리 둘 다 책 읽기를 좋아해서 틈만 나면 책 이야기를 하곤 했잖아. 난 소설을 좋아했는데, 넌 집안 어른인 이육사 시인을 닮아서인지 시에 특별한 조예가 있었지. 또 조용하고 내성적인 너와 달리 나는 토론하고 발표하기를 좋아했어. 수업 시간에도 틈만 나면 질문을 하고, 어떨 때는 일제에 순응하는 선생님을 골탕 먹이려고 일부러 곤란한 질문을 한 다음 쩔쩔매는 선생님한테 보란 듯 내가 답을 하기도 했잖아, 후후.

일부 선생님들은 그런 나를 미워했지만 대부분의 선생님들은 너그럽게 이해해주셨다. 덕분에 조선여성사[註]에서 주최한 토론대회에 학교 대표로 뽑혀서 나가기도 했고. 그때 토론 주제가 '졸업한 여학생은 농촌으로 갈까? 도회로 갈까?'였는데, 나는 조선에선 농업이 가장 중요하니 농촌으로 가서 활동해야 한다고 주장했지. 당시의 나는 농촌 계몽운동을 해야 한다는 생각이 강했어.

그러다 3학년 때 이관술 선생님의 권유로 중앙고등보통학교 남학생들과 독서모임을 하게 되면서 생각이 바뀌기 시작했다. 거기서 에스페란토어를 배우고 사회주의 서적을 읽으면서 처음으로 더 넓은 세계를 보게 되었지. 너도 알다시피 나는 원래 문학에 마음이 있었다. 예술을 위한 예술이 아니라 현실의 문제에 응답하는 정직한 작가가 되고 싶다는 막연한 꿈이 있었는데, 공부를 하면서 사람에게 힘이 되는 문학을 하려면 세상의 참모습을 알아야 한다는 생각이 들더구나. 작가가 되겠다는 꿈이 나를 문학이 아닌 혁명으로 이끈 셈이지. 그리고 그 길에는 항상 네가 곁에 있었다.

광주학생운동이 일어나고 서울에서 여학생들이 시위를 벌일 때 우리 학교에서도 전교생이 시위에 참여했지. 그때 일제 기마경찰에게 폭력적으로 진압당하고 친구들과 경찰서에서 곤욕을 치르면서 우리는 점점 투사가 되어갔어. 상하이에서 활동하던 사회주의자 이평산이 경성의 학생들을 모아 독서회를 만들면서 함께하자고 했을 때 난 두말 않고 참여했다. 나중에 거기서 배운 걸 토대로 우리 학교에서 독서모임을 시작했는데 너도 함께해서 얼마나 기뻤는지 몰라.

광주학생운동 1주년이 되었을 때 너랑 내가 백지동맹을 조직했던 게 떠오른다. 시험 때 백지 답안지를 내기로 했는데 한 친구가 약속을 어겼더니 네가 평소와 달리 아주 매섭게 다그쳤지. "너희는 답을 몰라서 못 쓴 거잖아" 하고 그 애가 핑계를 대니까 네가 바로, "그래 우린 그렇다 쳐도 전교 1등 하는 진홍이는 왜 안 썼을까?" 하고 받아쳐서 걔가 아무 말도 못 했잖아. 그때 생각을 하면 지금도 웃음이 난다.

1931년 6월에 동맹휴학을 벌였던 것도 잊을 수 없구나. 우리는 좁은 교사校舍를 새로 짓고 전무이사를 수업에서 빼라고 요구하며 한 달이나 맹휴를 벌여서 세상을 놀라게 했지. 결국 주동자로 지목된 나와 김운라는 퇴학당했는데, 무기정학을 당한 네가 미안하다며 눈물을 쏟는 바람에 나까지 눈물바람을 했던 것 기억나니? 그러고 두 달 뒤에 난 공장으로 들어가서 언제 울었냐 싶게 신나게 활동했어. 어머니는 여공이 웬말이냐고 낙담했지만, 나는 돈도 벌고 노동

현장도 경험하고 여성 노동자들의 의식 고양도 할 수 있는 일석삼조의 기회라 여겼다.

그때부터 나는 한성제면, 조선제면, 대창직물, 대창고무 공장 등에서 일하면서 공장 안에서는 노동자를 조직하고, 공장 밖에서는 경성 시내 여러 학교 학생들을 대상으로 독서회를 만들어 이끌었다. 동덕여고보, 휘문고보, 중동학교, 법정학교 등 시내 10여 개 학교에 조직된 일명 '알에스(RS) 협의회'란 독서회였는데, 얼마 뒤 노예교육 폐지 등을 내걸고 동맹휴학을 일으킨 것이 빌미가 돼서 1932년 1월 우리 동창 이종희를 시작으로 대대적인 검거 선풍이 불었지.

나는 1월 12일에 공장에서 일하다 체포돼 종로경찰서로 끌려갔단다. 그러고 이듬해 11월 재판에서 증거불충분으로 면소 판결이 날 때까지 거의 2년 동안 경찰서와 감옥을 오가며 고문에 시달렸어. 함께 잡혔던 박풍직이 재판도 받기 전에 옥사했을 만큼 지독한 고문이었다. 아직 어린 우리의 기를 꺾으려는 수작이었지만, 일본제국주의의 추악한 민낯을 보고 나니 오히려 민족해방을 위해 싸우겠다는 의지가 더욱 단단해지더구나.

1933년 겨울 감옥을 나온 나는 다시 투쟁의 길을 모색했다. 너를 만나려고 찾기도 했어. 하지만 그새 학교를 졸업한 너는 그해 가을 종연방적 경성제사공장에서 일어난 대규모 파업을 지원하다 구금되고, 같이 활동하던 순금이마저 이듬해 1월 검거됐다는 소식을 접하게 되었단다. 우리가 같은 길을 가는 동지라는 건 반가웠지만 감옥에 갔다니 얼마나 마음이 아프던지.

아무튼 너희도 없으니 나는 어디서부터 시작해야 할까, 여간 고민이 아니었다. 그때 내 앞에 나타난 사람이 이재유였다. 일제의 심장부 도쿄에서 3년 동안 70여 차례나 검거되고도 끝내 투쟁을 포기하지 않은 불굴의 혁명가라기에 아주 무서운 사람일 줄 알았어. 한데 실제로 보니 모난 데 없이 겸손하고 유연한 사람이더라. 물론 나보다 먼저 이재유를 만나 함께 노동운동을 한 너는 잘 알고 있었겠지만.

그해 1월 순금이가 붙잡히고 바로 다음 날 체포됐던 이재유는, 경찰서까지 끌려갔다가 두 번이나 도망쳐서 경성제국대학의 미야케 시카노스케 교수 집 마룻장 아래 숨어 있었다더구나. 그러다 미야케 교수가 다른 사건으로 검거되는 바람에 그 집을 빠져나왔고, 날 만났을 때는 새로운 은신처를 위해 '아지트 키퍼'를 찾고 있었다. 젊은 남자 혼자 사는 것보다 부부로 위장해야 안전하니까.

처음 만났지만 나는 선뜻 아지트 키퍼를 하겠다고 했다. 너랑 순금이가 활동했던 종연방적 파업 등을 조직한 사람이란 걸 알고 나니 믿음이 가기도 했고, 당시 사회주의 운동가들 사이에선 '아지트 키퍼'라고 해서 경찰의 눈을 피하기 위해 여성 동지나 누이와 같이 사는 일이 많았기 때문에 자연스럽게 받아들였다. 무엇보다 같은 함경도 화전민 출신으로, 가난한 노동자, 농민의 사정을 잘 알고 대중과 함께 투쟁하려는 걸 보고 힘을 보태고 싶었다.

1934년 8월 우리는 신당동에 방 한 칸을 빌려 함께 살기 시작했다. 그리고 이듬해 1월 내가 다시 체포당할 때까지, 그는 나의 믿음직한 동지이자 존경하는 선배, 다정한 첫사랑으로 함께했다. 그가 한때 친구 순금이의 연인이었다는 사실도 내 마음을 막지는 못했다. 감옥에서 《자본론》을 통독한 그는 누구보다 이론에 밝았지만, 현실보다 이론을 앞세우고 인민을 가르치려 드는 주의자들을 싫어했어. 아홉 살이나 어린 여자인 내게도 군림하는 법이 없었지. 비록 그도 남녀유별이라는 봉건적 유습에서 완전히 자유롭지는 못했지만 말이야.

우리는 갈수록 엄혹해지는 일제의 감시체제 아래서도 공장 노동자들과 학생들 사이에 독서회를 꾸리고 팸플릿을 만들어 배포하며 조직 활동을 계속해 나갔다. 예전에 활동가들이 조선공산당 같은 상부 조직부터 만들었던 것과 달리, 이재유는 한두 명씩 개별 접촉해 아래서부터 조직하는 이른바 '트로이카' 방식으로 활동했는데, 그래서 한쪽이 검거돼도 다른 사람들은 도피해 다시 조직을 재건할 수 있었다. 1935년 1월 내가 용산 적색노조 사건에 연루돼 검거됐을 때 그랬던 것처럼.

체포될 당시 나는 이재유의 아이를 임신 중이었다. 경찰은 이재유를 잡으려고 혈안이 돼서 사정없이 고문했지만 나는 입을 열지 않았다. 그렇게 일주일을 버티는 사이 그는 경찰의 포위망을 뚫고 달아났고, 이관술 선생님과 함께 농부로 위장해서 다시 조직 활동에 나섰지.

사람들은 임신한 몸으로 가혹한 심문을 견딘 나를 보고 독하다고 했지만, 당시 일제에 맞서 싸우는 운동가라면 누구나 그래야 했어. 다른 동지들이 도망갈 수 있도록 최대한 버티는 건 우리의 원칙이었지. 그러지 않으면 더 많은 사람들이 잡혀서 똑같은 고통을 겪고 목숨이 위태로워지니까. 나와 함께 검거됐던 박영출 동지도 결국 고문 후유증으로 옥사하고 말았는데, 그러고 보면 정말 독한 건 그런 고문을 한 일제이건만 사람들은 우리를 보고 독하다고 하는구나.

내 삶에서 가장 힘겨웠던 그때 그 시절, 지독한 제국의 감방에서 나를 지켜준 건 너였다. 내가 잡히기 얼마 전 다른 노동조합 사건으로 들어와 있던 너와 감옥에서 마주쳤을 때, 미안한 얘기지만 너무나 반가웠단다. 간수들 몰래 너와 한두 마디 말을 나누고 눈빛을 주고받으면서 나는 다시 기운을 차릴 수 있어. 덕분에 얼마 뒤 네가 출옥하고 혼자가 됐지만 난 괜찮았어. 힘들긴 해도 배 속의 아이가 무사하고, 아이 아버지와 친구들이 밖에서 열심히 싸우고 있다고 생각하면 버틸 수 있었지.

정말 견디기 힘들었던 건 아이를 낳고서였다. 1935년 복더위에 서대문형무소 안에서 태어난 아기는 가련할 만큼 작은 데다 입술갈림증까지 갖고 있었다. 이 어미 때문에 태중에서 고생한 탓이라 생각하니 미안하고 가여워 눈물이 나더구나.

나는 가여운 우리 아이에게 '철창의 한'을 뜻하는 철한이란 이름을 지어줬다. 철한이는 감옥에서 내 젖을 먹다가 이듬해 어머니 손에 들려 나갔는데 그게 마지막이 되고 말았다. 안 그래도 허약한 아이가 어미 젖 없이 어찌 살 수 있었겠니! 아픈 몸으로 태어나 결국 굶어 죽은 내 아들을 생각하면 지금도 가슴이 에인다.

그런데 간신히 상처에 딱지가 앉을 무렵, 새로운 고통이 찾아왔다. 체포망을 피해 활동을 이어가던 이재유가 끝내 붙잡히고 만 거야. 일제는 호외까지 발행해서 그의 검거 소식을 세상에 알렸다.[9] 그만큼 그의 존재가 무서웠단 반증이지만, 어쨌거나 그 소식을 들은 나는 큰 충격을 받았다. 그만은 절대 잡히지 않고 투쟁을 계속해가길 바랐거든. 더구나 그는 나와의 관계를 완전히 부인했지. 죽은 철한이에 대해서조차 모르쇠로 일관했고. 우리의 투쟁을 선정적인 연애담으로 왜곡 보도하는 언론의 수작에 이용당하지 않으려는 뜻이었지만 그걸 알면서도 서운하더구나. 세상이 다 아는 사실을 부정하는 그를 보며 나는 아이를 묻은 가슴에 사랑도 함께 묻었다.

　1년 반의 형기를 훨씬 넘는 끔찍한 감옥살이를 마치고 1937년 5월 출소한 뒤, 나는 곧바로 다시 조직운동에 뛰어들었다. 당시 일제는 이재유가 잡혔으니 이제 조선의 사회운동은 끝났다는 호외를 발행할 만큼 고무돼 있었다. 만약 우리가 조용히 있으면 세상은 저항운동이 끝난 줄 알 테고 그러면 민중은 희망을 잃을 판이었지.

　나는 이재유가 체포될 때 경찰의 포위망을 뚫고 달아난 이관술 선생님을 찾아 나섰다. 간신히 연락이 닿아 노량진으로 만나러 갔는데, 등거리 적삼에 맥고모자를 쓴 웬 시골 아저씨가 나타나는 거야. 어찌나 감쪽같던지, 선생님이 신분을 밝힐 때까지 전혀 몰랐단다. 선생님이 등에 진 궤짝에서 화장품이며 바늘, 실, 빗 같은 부인용품을 꺼내 선물이라고 주시는데, 가만 보니 그 아래 기관지가 깔려 있더구나. 과연 선생님이구나 싶었다.

　우리는 남의 눈에 띄지 않기 위해 노량진에서 대방동까지 계속 걸으면서 이야기를 나누고 헤어졌다. 한데 어떻게 알았는지 경찰이 며칠 만에 날 잡으러 왔더라. 증거가 없으니 오래 잡아두진 못하고, 다시 눈에 띄면 죽여버리겠다고 한참 을러대더구나. 하지만 사랑도 우정도, 소중한 아이마저 뺏긴 내가 뭐가 두렵겠니.

나는 활동을 재개했고, 얼마 뒤엔 감옥에서 막 나온 순금이를 이관술 선생님과 만나게 해줬다. 사이좋은 오누이가 얼굴도 못 보고 있는 게 안타깝기도 했지만 그보다 조직을 재건하는 데 꼭 필요해서였다. 그런데 두 사람이 경찰의 검문에 걸리는 바람에 순금이는 구금되고 나까지 끌려가 두어 달 고생했단다. 그래도 이관술 선생님이 무사히 달아나서 천만다행이었지. 그 뒤에도 나는 순금이와 함께 활동을 계속했는데, 그러다 결국 그해 겨울 조선공산당 재건그룹 사건으로 체포돼 다시 감옥살이를 하게 됐다.

1939년 7월에 출소했을 때는 일제가 전시체제를 본격화하던 때라 일을 도모하기가 힘들었다. 하지만 그렇다고 가만있으면 놈들이 우리 조선인을 지렁이만도 못하게 볼거라 생각하니 참을 수가 없더구나. 나는 공장에서 일도 하고 백화점 점원으로 생계를 해결하면서 이관술, 이순금, 김삼룡, 이현상 등 과거 동지들과 함께 '경성콤그룹'이란 이름으로 활동을 시작했다. 몇 달 뒤 박헌영도 합류하면서 우리는 서울은 물론 경상도와 함경도까지 조직을 확장해갔다. 안타깝게도 1941년 겨울 나를 포함한 많은 동지가 검거됐지만, 남은 조직원들은 해방될 때까지 지하에서 활동을 이어갔지.

내가 다시 세상 빛을 본 것은 1944년 가을이었다. 분명한 죄도 증거도 없이 3년이나 잡아 가두더니 그제야 무죄로 풀어주더라. 생각하면 기막히고 억울한 일이지만, 이재유는 형량을 다 채우고도 전향을 안 했다고 잡아둬서 결국은 감옥에서 죽었으니 무슨 말을 더 하겠니.

아무튼 풀려나자마자 나는 다시 조직에 합류하기 위해 박헌영을 찾으러 다녔다. 그 과정에서 우리 집사람[10], 김태준을 만나게 되었다. 그때 나는 감옥에서 나온 지 얼마 안 돼 얼굴도 다리도 퉁퉁 부어 있었는데 그이는 그런 날 보고 반했다는구나. 치안유지법 4범의 경력을 가진 내가 여전히 투지가 왕성한 데 놀랐고, 용감하게 싸우는 모습에 무한한 존경을 넘어 사랑의 감정을 갖게 되었다는 거야.

한데 사실은 나야말로 그이에게 놀라고 감탄했단다. 김태준 하면 일본인들조차 학문적 역량을 인정한 경성제국대학 최초의 조선인 강사인데, 그런 사람이 제 앞에 열린 탄탄대로를 마다하고 힘든 해방투쟁에 뛰어들었으니 말이야. 더구나 그는 조선 제일의 국문학자여서 내가 좋아하는 문학 이야기를 나눌 수 있으니 얼마나 좋았는지 모른다.

서로 마음이 통한 우리는 옌안(연안)행을 결심하고 그해 11월 서울을 떠났다. 조선에서는 옴짝달싹할 수 없었기에 조선의용군이 활동하는 옌안으로 가서 무장투쟁을 하기로 했지. 경찰의 감시를 피하려고 양장에 파마머리까지 하고 신의주까지 걸어가서 거기서 압록강을 건넜다. 그리고 단둥, 펑톈, 산하이관(산해관), 톈진(천진)을 거쳐 옌안까지 걸어서 갔는데, 영하 30도의 맹추위에 만주 벌판을 헤맬 때는 나도 모르게 비명이 나오더라. 그래도 그 고된 여정이 우리 부부에겐 일종의 신혼여행이랄까, 행복한 시간이기도 했다. 곳곳에서 일제와 싸우는 독립군과 그들을 지원하는 중국 팔로군을 보면서 기운을 얻었고, 매일매일 일제의 감시 아래 숨죽인 채 살아가던 조선에서는 느끼지 못한 희망을 갖게 되었지.

1945년 4월, 마침내 우리는 옌안에 도착했다. 그리고 무정 장군이 이끄는 조선의용군에 합류했어. 당시 조선의용군에는 우리처럼 조선에서 망명 온 사람들 외에도 학도병으로 끌려왔다 탈출해 합류한 이들이 아주 많았다. 날마다 지원자가 찾아와서 곧 수천 명을 헤아리게 됐지. 일제와 최후의 일전을 치를 날이 멀지 않다는 걸 모두가 알았고, 그날을 위해 열심히 준비했다.

그런데 바로 그때 갑자기 일본이 항복했다는 소식이 전해졌다. 그토록 바라던 해방이 되었는데 왜 그리 눈물이 나던지. 근 10년간의 감옥 생활, 먼저 비명에 간 동지들, 남의 힘에 기댄 해방, 앞으로 닥칠 일들이 두서없이 떠오르며 심경이 복잡하더구나. 아마 너도 그랬겠지.

우리는 서둘러 귀국길에 올랐다. 당시 나는 만삭이라 주위에서는 해산하고 떠나라고들 말렸지만 해방된 조국에서 해야 할 일을 떠올리면 하루빨리 가고 싶은 마음뿐이었어.

박진홍

나는 말을 타고 집사람은 고삐를 잡고 걸어서 조선을 향해 가는데, 그러다 러허(열하)성 란핀이란 데서 산통이 와서 아들을 낳았다. 다행히 아기는 건강했어. 나는 저녁 7시에 아이를 낳고 산후조리할 틈도 없이 새벽 1시에 다시 길을 나섰다. 말 위에 들것에 매인 채로 천 리 길을 시달리는데 정말 온몸이 부서지는 것 같더구나. 하지만 그때 이미 조선은 남북으로 갈려 상황이 심상치 않았던 데다 조선의용군 대열에서 빠지면 안 되었기에 마음이 급했단다.

그렇게 꼬박 석 달을 걸어 11월 말 서울에 도착했다. 우여곡절 끝에 해방된 조국에 와보니 사람들이 활기차고 생기가 넘치더라. 나도 희망에 부풀었다. 오랜만에 너와 순금이를 만났을 때는 새삼 해방된 게 감격스럽고 좋더라. 너는 그새 세 아이의 어머니가 되어 있었지. 아, 우리가 밤새도록 못다 한 이야기를 나누며 재회의 기쁨을 나누던 그날로 돌아가고 싶구나.

우리는 훗날을 기약하며 헤어졌고 나는 회포도 여독도 제대로 풀 새 없이 사회 활동에 나섰다. 그토록 바라던 새 나라를 건설하기 위해 강연을 하고 교육을 하고 글을 쓰느라 몸은 고단했지만 마음은 힘든 줄 몰랐어. 특히 봉건적인 가부장제와 제국주의라는 이중의 억압 아래 고통받던 여성들에게 민주주의와 여성운동을 교육하는 시간이 나는 정말 좋았다. 어린 아들을 떼어놓고 다니는 게 맘에 걸리고 몸이 아파 힘들었지만, 내 한마디 한마디에 여자들의 눈이 반짝이고 얼굴이 상기되는 것을 보면 신이 나서 열심히 강연을 다녔지. 여성이 자신을 해방하려면 정치투쟁을 해야 하고 마을 동회에서부터 적극적으로 활동해야 한다는 내 말에 호응하듯, 부녀총동맹에 수십만 여성이 가입했을 때는 꼭 꿈을 꾸는 것 같았다.

그러나 효정아, 어째서 나쁜 꿈은 불행의 징조가 되고 좋은 꿈은 깨지고 마는 걸까. 조금만 더 노력하면 민주적인 독립국가를 세울 수 있으리라 믿으며 종종걸음을 쳤지만, 현실은 정반대가 되어 우리의 꿈은 모두 허사가 되었구나.

미소 군정 아래서 남북 분단이 가시화되던 무렵, 경성제국대학의 후신인 서울대학교 총장 후보로까지 꼽히던 김태준 씨는 좌익이란 이유로 학교에서 쫓겨나고, 일제 치하에서 그토록 열심히 싸웠던 이관술 선생님은 위조지폐범이라는 오명을 쓰고 무기징역에 처해졌지. 1948년 4월 김구, 김규식 등과 함께 단독정부 반대 통일정부 수립 운동을 하던 나는, 우리의 노력이 수포로 돌아간 그해 8월 아이를 데리고 북으로 갔다. 단독정부가 들어서면 목숨을 부지하지 못할 게 분명했으니까.

그리고 1년 뒤, 남한에서 지하활동을 하던 집사람이 경찰특수대에 붙잡혀 수색에서 총살당했다는 소식을 들었다. "지금 조선에서 중차대한 문화사업이 있다면 숱한 고전을

수집해 고증하고 정리하는 것입니다. 앞으로 용인된다면 상아탑에 돌아가 그 일을 하고 싶습니다.'

그가 죽기 전 마지막으로 남겼다는 말을 듣고 나는 울고 말았다. 그는 조선 최고의 천재로 꼽히던 사람인데, 최초로 우리나라의 한문학과 소설 역사를 정리한 국문학계의 큰 별인데…. 잘못된 시대를 만나 어쩔 수 없어 총을 들었으나 마지막까지 붓을 그리워했던 그의 운명이 새삼 서러워 나는 오래 울었다. 어쩌면 그 울음은 북에서 허수아비만도 못한 존재가 되어 스러져가는 내 운명을 향한 것이었는지도 모른다.

인생이 한바탕 꿈이라면 내 꿈은 너무 무서운 악몽이 아닌가, 한숨이 날 때도 있다. 그렇다고 오해는 말렴. 내 인생을 후회하는 것은 아니니까. 학창 시절, 동맹휴학을 일으켜 퇴학당하게 됐을 때 한 친일 교사가 그러더라. 개교 이래 최고의 수재인 네가 무엇이 아쉬워 이런 길을 가냐고. 그때는 아무 말 안 했지만 지금이라면, 사람이 사람을 차별하는 세상이 아쉽다고 대답하겠다.

내 마음은 그때도 지금도 변함없다. 사람답게 살려는 마음으로 일제와 싸웠고 끝내 이겼다. 누가 뭐라든 내 마음은 한 번도 지지 않았다. 한 번의 인생에 이것이면 족하지 않으냐, 효정아!

　박진홍은 1948년 8월 북으로 올라가 제1기 최고인민회의 대의원으로 선출되었다. 이것이 현재까지 남아 있는 그의 마지막 흔적이다. 이후 그가 어떤 삶을 살고, 언제 어떻게 죽었는지는 전하지 않는다.

　그는 월북할 때 김태준과의 사이에서 낳은 아들을 데리고 갔는데, 전하는 말에는 이 아들이 북에서 '혁명가족 유자녀증'을 빼앗기고 그 충격에 눈이 멀었다고 한다. 유자녀증을 뺏은 이유는 본문에도 소개한 아버지 김태준의 마지막 말이 '부르주아적 투항주의'였기 때문이라고. 이후 북한 정부가 유자녀증을 다시 돌려줬다고는 하나, 일제 치하에서 네 번이나 감옥살이를 해 운동가 중 가장 많이 수감되었던 박진홍은 북에서 혁명열사릉이나 애국열사릉에 묻히지 못했고 남에서도 아직 독립운동가로 인정받지 못하고 있다. 다만 그와 함께 경성트로이카 등에서 활동한 이효정은, 93세 되던 2006년 독립유공자로 건국포장을 받았다.

# 과격한 간호사

— 1895 - 1943

# 박
# 자
# 혜

"나는 당신이 남겨놓고 가신 비참한 잔뼈 몇 개를 집어넣은 궤짝을 부둥켜안고 마음 둘 곳 없어 하나이다. 작은 궤짝은 무서움도 괴로움도 모르고 싸늘한 채로 침묵을 지키고 있습니다. 당신은 뜻을 못 이루고는 영원히 돌아오지 않겠다고 하시더니 왜 이렇게 못난 주제로 내게 오셨습니까. 분하고 원통하시지 않으십니까? 당신의 원통한 고혼은 지금 이국의 광야에서 무엇을 부르짖으며 헤매나이까?"

〈가신 님 단재의 영전에〉 중에서

**박자혜 초상**
윤석남, 2020년,
한지 위에 채색,
210×94cm, 작가 소장

위) 박자혜 채색 드로잉
윤석남, 2020년, 한지 위에 채색,
45×34cm, 작가 소장

아래) 박자혜 연필 드로잉
윤석남, 2020년, 종이 위에 연필,
45×34cm, 작가 소장

박자혜는 1895년 12월 11일 경기도 양주(지금의 서울 도봉구 수유동)에서 태어났다. 아버지 박원순은 중인이었는데 세상 물정에 어두워 가난을 면치 못했다. 이를 딱히 여긴 관청 알음알이가 입 하나라도 덜라며 다섯 살 난 박자혜를 대비전의 아기나인으로 들이도록 주선했다. 일찍 부모와 헤어져 고아 아닌 고아가 되었지만, 궁에 들어간 덕분에 배고픈 걱정을 덜고 글까지 배울 수 있었으니 한스러운 일만은 아니었다.

궁녀는 신분에 따라 왕과 왕비 등을 모시는 지밀, 옷을 만들고 수를 놓는 침방과 수방, 부엌일을 하는 세수간, 소주방 등으로 나눠 배치되는데, 중인 출신인 어린 박자혜는 대비전에서 재롱둥이 노릇을 하다가 지밀나인이 되었다. 지밀나인은 궁중예법은 물론 기본적인 학문적 소양을 갖춰야 했다. 자혜도 궁에서 한글과 《소학》 《내훈》을 배우고 각종 예법과 바느질 등을 두루 익혀 어디서도 사람 구실을 할 만하게 되었다.

특히 그를 가르친 조하서 상궁은, 엄비의 후원으로 세워진 명신여학교(1909년 숙명고등여학교로 개칭)에서 나인 신분으로는 처음 신학문을 배웠을 만큼 빼어난 재능과 인품으로 윗전들의 신임을 받는 이였다. 조 상궁은 자신처럼 어린 나이에 궁에 들어온 박자혜를 살뜰히 챙기며 어엿한 궁인이 되도록 이끌었다. 당시 낙선재에는 왕실 여인들이 애독하던 수많은 도서가 비치되어 있었는데 조 상궁의 배려로 자혜는 그 책들을 볼 수 있었고, 그가 전해주는 이야기를 통해 대궐 안팎의 세상사에도 조금씩 눈을 떴다.

그러나 1910년 조선왕조가 무너지고 일제 지배가 본격화되면서 이런 생활도 끝나고 말았다. 이듬해 1월, 일제는 갑자기 궁내부에 속한 내시와 궁녀 등 왕실 고용인 340명을 한꺼번에 해고했다. 궁인들은 월급은 물론 집조차 제대로 꾸리지 못한 채 엄동설한에 빈손으로 내쫓겼다.

나라가 망하고 망국의 백성이 된다는 게 어떤 의미인지 자혜는 비로소 깨달았다. 그것은 하루아침에 모든 걸 빼앗겨도 하소연할 데가 없는 것, 돌아갈 집이 없는 자신처럼 어디에도 의지할 데가 없는 것이었다. 자혜는 터져 나오는 울음을 삼키려 입술을 깨물었다. 지금은 울 때가 아니었다. 살길을 찾아야 했다.

갑자기 쫓겨난 궁인들 중 약방 기생이나 소주방 궁녀들은 술집을 차려 연명하기도 했으나, 어린 나이에 궁에 들어가 열여섯에 세상에 나온 자혜에게는 모든 것이 낯설고 막막할 뿐이었다. 다행히 두어 명의 상궁들과 함께 북장동에 거처를 마련한 조 상궁이 오갈 곳 없는 그를 받아주었다.

하지만 상궁 마마님들이라고 해서 넉넉한 형편은 아니었다. 자혜는 조금이라도 보탬이 되고자 일자리를 찾으려 했다. 그러나 조 상궁은 앞으로의 세상을 살아가려면 여자도 배움과 기술이 있어야 한다며 직접 보증인이 되어 그를 숙명여고보 기예과에 입학시켰다. 본과와 달리 기예과에서는 수신, 일본어, 한문, 산술 같은 학과 외에 가사, 재봉, 양재, 자수, 편물 등 자립에 필요한 기술과목을 가르쳤다. 평소 배우기를 좋아하던 그에게 학교생활은 즐겁기만 했다. 3년 과정을 마치고 1914년 학교를 졸업했을 때는 더 배우고 싶은 마음이 굴뚝 같았다. 하지만 마마님에게 더 이상 부담을 줄 수는 없었다.

그런데 학교를 졸업하면 취직할 수 있으리란 기대와 달리 열아홉 살 젊은 여자가 할 수 있는 일은 거의 없었다. 기예과에서 배운 기술도 소용이 없었다. 그때 조선총독부의원 부속의학강습소의 간호부과에서 학생을 모집한다는 것을 알게 되었다. 정원의 30퍼센트인 조선인 학생에게는, 졸업 후 2년간 의원장이 지정한 업무에 종사한다는 조건으로 학자금을 지원해주었다. 학교 교육을 받은 조선 여성이 적은 데다 간호부가 되려는 사람이 드문 탓이었다.

강습소의 간호부과와 조산부과에 입학하려면 보통학교 수료자여야 했는데, 박자혜는 고등보통학교 졸업생이므로 자격은 충분했다. 학비 걱정 없이 공부하고 졸업하면 간호사로 일할 수 있으니 자혜로서는 망설일 이유가 없었다. 1915년 간호부과에 입학한 그는 수학, 생리학, 해부학, 간호학, 기계 취급법, 구급법, 소독법 등을 배우고 1916년 11월

박자혜

졸업과 함께 간호부와 산파 면허를 취득했다.[11] 그리고 바로 조선총독부의원에서 간호사(당시에는 간호부라 함)로 일하기 시작했다.

간호사는 외래와 병실을 돌며 각종 처치, 투약, 주사, 의사 보조 업무 등을 맡았다. 처음에는 사람 몸을 칼로 째고 꿰매는 것이 무서웠으나 병이 낫고 환자가 회복되는 것을 보자 의학에 점점 더 관심이 생겼다. 조금이라도 알고 싶고 배우고 싶어 그는 남들보다 두 배 세 배 열심히 했다. 몸은 힘들어도 재미있었다.

하지만 그런 자혜도 차별과 멸시 앞에선 무릎이 꺾이곤 했다. 조선총독부의원의 전신은 대한제국에서 설립한 종합 의료기관인 대한의원이었다. 경술국치 뒤 대한의원을 조선 총독부의원으로 바꾼 일제는, 초대 의원장에 일본 육군 군 의감을 임명하고 주요 임직원을 전부 일본인으로 채웠다. 의사와 간호사도 대부분 일본인으로, 1910년엔 전체 인원 67명 중 60명이, 1912년에는 130명 중 98명이 일본 사람이 었다. 조선인 의사는 내과 김용채, 산부인과 김달환, 피부과 김형익 등 다섯 명에 불과했다. 의사나 직원만이 아니라 찾 아오는 환자들 역시 일본인이 많았다.

당시 병원 인력 중 가장 많은 비중을 차지하는 간호사의 경우도 조선인은 10퍼센트 정도로, 열 명이 될까 말까 했다. 하지만 그들은 소수의 조선인 간호사로서 사명감과 자부심을 갖고 일했다. 기량 또한 뛰어나서 일본인 의료인들도 인정할 정도였다. 하지만 아무리 실력이 있어도 일본인들은 걸핏하면 이들을 무시했고 똑같은 일을 해도 대우는 전혀 달랐다.

더욱이 간호사를 보는 사회의 시선도 곱지 않았다. 조선왕조에서 의녀는 기생을 겸하곤 했기에 일반인들은 여성 간호사라고 하면 전문 의료인이라기보다 시중드는 여자쯤으로 여기고 흰 눈으로 보기 일쑤였다. 이런 부당한 대접을 받을 때마다 자혜는 가슴이 답답하고 분노가 치밀었다. 열심히 노력한다고 과연 나아질까? 세상을 바꾸려면 무엇을 어떻게 해야 할까? 그의 마음속에 풀지 못한 의문들이 쌓여 갔다.

바로 그즈음 만세운동이 일어났다. 처음 사람들이 만세운동을 벌인다는 말을 들었을 때 자혜는 긴가민가했다. 그토록 큰 힘을 가진 임금과 조정 대신들도 어쩌지 못한 일본이다. 그런 일본에 맞서 만세를 부르다니 가당키나 한 일인가 싶었다. 그런데 3월 1일 오후, 갑자기 병원 안팎이 시끌시끌했다.

"의사 어딨소? 여기 좀 봐주쇼! 사람이 죽어요!"

온몸이 피투성이가 된 부상자들이 병원으로 밀려들었다. 일본 경찰과 군인들이 휘두른 무자비한 총칼에 다친 조선인이었다. 총탄에 내장이 쏟아지고 칼날에 온몸이 찢기

박자혜

고 베여 하나같이 심각한 상태였다. 너무나 처참한 형상에 일본인들조차 입을 다물지 못했다. 부상자 중에는 병원에 도착했을 때 이미 숨을 거둔 이도 있었고 손쓸 새도 없이 죽은 이도 한둘이 아니었다. 그런데도 부상자들은 서로를 걱정했고, 죽어가는 순간에도 유언처럼 독립 만세를 불렀다.

자혜는 충격을 받았다. 대궐에서 권세가들을 많이 보았지만 이렇게 당당한 사람들은 처음이었다. 그는 잠자는 것도 밥 먹는 것도 잊고 동료들과 함께 부상자 치료에 매달렸다. 며칠 밤을 샜는지 몰랐다. 그러나 머릿속은 오히려 맑았다. 오랫동안 가슴을 짓누르던 답답함의 정체를 알 것 같았다. 지금 자신이 무엇을 해야 하는지 분명히 알 수 있었다.

그는 일본인들의 눈을 피해 간호사와 조산사들을 은밀히 접촉했다. 3월 6일 오후 6시, 박자혜는 함께 근무하는 조선인 간호사들을 옥상으로 불러 모았다. 그리고 만세운동에 동참하자고 제안하였다. 대부분 고개를 끄덕였다. 하지만 우리 같은 여자가 무슨 힘이 있겠느냐고 주저하는 목소리도 있었다. 자혜는 사람을 살리는 우리가 나라 살리는 일을 왜 못하겠느냐고 역설했다. 간호사 네 명이 그와 뜻을 같이했다.

이 모임을 계기로 자혜는 동지들을 규합해 '간우회'라는 간호사 조직을 만들었다. 그리고 병원에서 열변가로 유명한 피부과 의사 김형익과 긴밀히 연락하며, 다른 병원 의료인들과의 항일 동맹파업을 꾀했다.

3월 10일 간우회는 유인물을 만들어 병원 안팎에 배포하고 만세 시위를 일으켰다. 이미 박자혜를 주목하고 있던 일본 경찰은 사건이 터지자마자 그를 체포해 유치장에 가뒀다. 당시 일제 경찰의 감시보고서에 따르면, 박자혜는 "과격하고 언변이 능한 자"이며 "독립 만세를 소리 높여 외친 주동자"였다.

자혜는 감옥살이를 각오했으나 총독부의원장이 책임을 지겠다며 신병을 인수하면서 며칠 만에 풀려날 수 있었다. 평소 자혜와 뜻을 같이하던 김형익이 동료 의사들을 규합해 태업을 벌이는 등 조선인 의료인들의 움직임이 심상치 않자 원장이 서둘러 수습에 나선 것이었다. 당시 산부인과 의사 김달환, 연구과 김영오는 각각 3월 24일, 26일부터 휴무에 들어갔고, 내과 김용채도 무단 휴무를 감행했으며, 소아과 권희목은 30일에 사직해버렸다. 자혜와 함께했던 간호사 네 명도 일신상의 이유를 대고 병원을 떠났다.

비록 무사히 풀려나긴 했지만 자혜는 동료들이 없는 병원에서 일본인들을 위해 일하기는 싫었다. 그렇다고 경찰의 요시찰대상이 된 그가 조선에서 할 수 있는 일은 거의 없었다. 그는 결단을 내렸다. '중국으로 망명하자!'

그는 만주에 있는 아버지가 위독하다는 거짓 전보로 휴가를 얻은 뒤, 일제의 눈을 피해 홀로 중국행 기차에 올랐

박자혜

다. 어릴 적 집을 떠날 때나 열여섯에 궁궐을 떠날 때는 남의 뜻에 이끌려 나왔지만, 지금은 달랐다. 오로지 자신의 의지로 떠나는 것이었다. 국경을 넘으며 자혜는 속으로 다짐했다. 지금은 울면서 떠나지만 곧 내 나라를 되찾아 웃으며 돌아오리라.

박자혜는 펑톈에서 정미소를 운영하던 우응규를 찾아가 도움을 청했다. 우응규는 망명한 독립운동가들을 지원하면서 임시정부 연락원으로도 활동하고 있었다. 그는 혼자 국경을 넘은 자혜의 의지에 감동해 베이징(북경)으로 갈 수 있게 주선해주었다.

그 덕에 무사히 베이징에 도착한 박자혜는 궁에서 알고 지낸 조 판서의 딸 조계진을 찾았다. 조계진은 대원군의 외손녀이자 명망 높은 독립운동가 이회영의 며느리였다. 궁에서 안면이 있긴 했으나 한낱 궁녀인 자신을 기억할까, 박자혜는 걱정이 되었다. 하지만 조계진은 물론 이회영의 집안사람들은 만세 시위를 하고 단신 망명한 이 당찬 처자를 반갑게 맞아주었다. 그들의 도움으로 박자혜는 희문대학(1927년 연경대학으로 개칭) 의예과에 입학해 바라던 의학 공부를 시작했다.

1920년 4월 어느 봄날, 모처럼 이회영의 집에 놀러갔더니 부인 이은숙이 반갑게 맞았다. "자네가 만나 뵈면 좋은 분이 있네?" 낯선 중년 남자가 이회영과 열띤 목소리로 얘기를 나누고 있었다. 마른 체구에 옷차림은 허름했지만 형형한 눈빛이 보통 사람이 아님을 말해주었다.

"인사하시게. 단재 선생이시네."

자혜는 깜짝 놀랐다. 일찍부터 독립운동을 펼친 단재 신채호에 대해선 그도 잘 알고 있었다. 그 역시 신채호가 쓴《을지문덕전》《이순신전》을 읽으며 민족정신을 깨친 이들중 하나였다. 떨리는 목소리로 인사하는 그에게 신채호가미소를 지었다. 봄볕처럼 다스한 미소였다.

"얼마 전 펑텐에서 우응규 군의 소개로 온 박자혜 양이에요."

"아, 우응규 군은 잘 있나요? 내가 배를 곯을 때마다 방석 밑에 몰래 돈을 두고 간 고마운 친구인데."

"우 선생님은 잘 계십니다. 저도 큰 은혜를 입었는데, 단재 선생님과 그런 인연이 있는 줄은 몰랐습니다."

두 사람은 정답게 얘기를 나누었고 이은숙은 흐뭇하게바라보았다. 이은숙의 예상대로 마음이 통한 두 사람은 얼마 안 가 결혼식을 올렸다. 자혜의 나이 스물다섯, 신채호는마흔으로 그에게는 두 번째 결혼이었다. 신채호는 열여섯에 일찍 결혼해 아들 하나를 얻었지만 아이가 어려서 죽자그 충격으로 부인과 이혼하고 홀로 망명해 10년간을 죽 독신으로 지낸 터였다. 주위에서 결혼을 권할 때마다 그는 굶기를 밥 먹듯 하는 운동가가 무슨 결혼이냐며 손사래를 쳤다. 하지만 박자혜를 만나자 마음이 바뀌었다. 나이는 어리지만 심지가 굳고 누구보다 자신을 이해하는 그를 놓치기 싫었다.

두 사람은 작은 집들이 다닥다닥 붙은 베이징의 금시방가錦什坊街에 작은 셋방을 얻어 가정을 꾸렸다. 열다섯 살이라는 나이 차이에도 불구하고 뜻을 함께하는 부부는 서로를 아끼고 공경했다. 이듬해 이른 봄, 맏아들 수범이 태어났다. 아이를 좋아하는 신채호는 기뻐 어쩔 줄 몰랐다.

그러나 단란한 가정의 행복을 누리는 날은 오래가지 않았다. 주위의 도움으로 근근이 끼니를 잇는 것도 하루 이틀이지 계속 그럴 수는 없었다. 더구나 타국까지 와서 고생하는 이유는 독립투쟁을 하기 위함이지 평범한 가정생활을 하려는 것이 아니었다. 1922년 박자혜는 임신 5개월의 몸으로 어린 아들을 데리고 조선으로 돌아왔다. 부부가 각자 맡은 자리에서 애쓰다 보면 지금보다는 낫지 않겠냐는 생각이었다.

하지만 조선에서도 어렵긴 매한가지였다. 아는 이의 집에서 곁방살이를 하며 딸 수정을 낳았지만 아기는 얼마 안 돼 영양실조로 눈을 감았다. 슬픔을 가슴에 묻은 채 박자혜는 생계를 위해 동분서주했다. 중국에 있던 신채호도《시대일보》《조선일보》등에 조선 역사와 조선어에 관한 논설을 연재하며 원고료를 살림에 보탰다. 자존심 강하기로 유명한 그이지만 이때는 친구 홍명희에게 식구들이 어찌 사는지 "생활의 정황을 한번 봐주시기 바랍니다" 하고 부탁 편지를 하기도 했다.

그렇다고 이들 부부가 생계에 쫓겨 투쟁을 등한시한 것은 아니었다. 신채호가 김원봉과 의기투합해 조선의열단에 가입하고 유명한 '조선혁명선언'을 발표한 것이 바로 이 무렵이었다. 의열단은 무력투쟁을 불사하는 조직이었기에 위험은 더욱 가중되었으나 박자혜는 개의치 않았다. 남편이 아니면 자기가 했을 일이었다.

1926년 12월 의열단원 나석주가 일제 수탈의 중심인 동양척식회사와 식산은행을 폭파하기 위해 경성에 잠입했다. 황해도 출신으로 서울이 처음인 나석주를 위해, 박자혜는 경찰의 눈을 피해 은신처를 마련해주고 길 안내를 도맡았다. 거사 전부터 일본 경찰은 나석주를 주목하고 있었기에 이는 여간 위험한 일이 아니었다. 하지만 혼자 아이를 키우고 생계에 쫓기면서도 자혜는 독립투쟁이라는 큰 뜻을 잊지 않았고 기꺼이 자신의 소임을 다했다. 안타깝게도 나석주의 거사는 폭탄이 불발되는 바람에 실패로 끝났고, 그는 경찰과의 총격전 끝에 자신의 가슴을 쏘아 자결했다.

1927년 자혜는 아들을 데리고 베이징으로 남편을 찾아갔다. 5년 만의 재회였다. 세 식구는 동지 빅숭병의 집에서 한 달 동안 꿈같은 시간을 보냈다. 그것이 마지막이 될 줄은 그때는 아무도 몰랐다.

　그해 겨울, 자혜는 인사동에 '산파 박자혜'라는 간판을 내걸고 조산원을 열었다. 총독부의원 출신 산파는 사오십 원 수입을 올린다고 들었으나 현실은 달랐다. 산파는 많아졌으나 산파를 찾는 산모는 여전히 적어서 벌이는 신통치 않았다. 더구나 툭하면 경찰이 따라붙고 들이닥치니 열 달이 가도 손님 하나를 받기 힘들었다.

　이 무렵 둘째 아들 두범이 태어났다. 살림은 더욱 힘들어졌다. 엄동설한에 불조차 때지 못할 정도였다. 엎친 데 덮친 격으로 1928년 5월, 무정부주의동방연맹에서 활동하던 신채호가 체포되었다. 그는 치안유지법 위반 등의 혐의로 10년형을 선고받고 뤼순(여순) 감옥에 수감되었다. 북방의 감옥은 너무나 추웠다. 신채호는 솜을 많이 누빈 두툼한 옷을 보내달라고 부탁했지만 박자혜는 해줄 수가 없었다.

　아내는 차디찬 이국의 감옥에서 추위에 떠는 남편에게 솜옷 한 벌을 보내지 못해 울고, 남편은 혼자 두 아이를 데리고 고생하는 아내에게 아무 도움도 못 되어 울었다. 고개를 들고 세수를 했다는 일화가 있을 만큼 꼿꼿하고 대쪽 같은 신채호지만, 감옥으로 찾아온 《조선일보》의 신영우 기자에게 군색하게 사는 가족들에 대한 애정을 털어놓을 만큼

부부는 멀리서 서로를 걱정했다.[12]

이 무렵 신채호가 체포되었다는 소식이 국내에 전해지고, 1928년 12월 12일 《동아일보》에 〈신채호 부인 방문기〉라는 기사가 실렸다.

> "홀로 어린아이 형제를 거느리고 저주된 운명에서 하염없는 눈물로 세월을 보내는 애처로운 젊은 부인이 있다. 인사동 19번지 거리 '산파 박자혜'라고 쓴 낡은 간판이 주인의 가긍함을 말하는 듯 음산한 기운을 지어내니, 이 집이 조선 사람은 거의 다 아는 풍운아 신채호의 가정이다."

기사는 시작부터 이들 가족의 힘겨운 생활을 그리고 있었다. 끼니조차 이을 수 없어 감옥의 남편에게 하소연하니 "정 할 수 없으면 아이들을 고아원으로 보내시오" 하는 편지를 보내왔더라는 비참한 정황이 알려지자 전국에서 후원금이 답지했다. 자혜는 그 돈으로 신채호가 부탁한 책을 구해 감옥에 보내고 아들 수범을 가르쳤다. 밥을 굶는 형편에서도 그는 수범의 교육은 포기하지 않았다.

하지만 일제는 그런 수범의 학교생활마저 위협했다. 등교하려고 집을 나서면 경찰이 붙잡아 책가방을 뒤지는 일이 비일비재했다. 신채호는 중국 감옥에 있지만 박자혜는 조선에 있었고, 그 또한 남편 못지않은 불온한 조선인 이른

박자혜

바 '불령선인'으로 감시대상이었다. 경찰은 자혜가 여러 독립운동가들을 연결하는 연락책이자 국내의 주요 거점이라 생각했기에, 늘 조산원을 감시하고 아들을 검문하며 괴롭혔다. 수범은 선린상고에 진학했으나 일경의 괴롭힘에 결국 그만두고 간신히 한성상업학교로 옮겨 졸업했다.

상황은 이렇듯 힘겨웠지만 그래도 부부는 편지로 서로를 위로하며 버텼다. 신채호는 형기를 마치면 문필 활동에 매진할 계획을 세우고 옥중에서도 독서와 운동을 열심히 했다. 그런데 1931년 이후 감옥에서 더 이상 소식이 오지 않았다. 혹시 보내 달라는 역사책을 보내지 못해 그런가 자책하면서도, 자혜는 남편이 굳은 의지력으로 잘 견디고 있으리라 믿고 기다렸다.

그러나 석방을 1년 8개월 앞둔 1936년 2월 18일, 큰아들 앞으로 전보 한 통이 왔다.

'신채호 뇌일혈로 의식불명, 생명위독'

불길한 예감은 틀리지 않았다. 자혜는 수범을 데리고 정신없이 뤼순으로 떠났다. 친지 서세충이 동행했다. 감옥에 도착해보니 시멘트 바닥에 다다미 몇 장을 깔고 홑이불을 덮은 채 신채호가 의식불명 상태로 누워 있었다. "앞으로 한두 시간 정도일까, 잘해야 자정을 못 넘길 것이오." 간수의 말에 모자는 울음을 터뜨렸다. 자혜는 임종이라도 하게 해달라고 애원했지만 일제 간수는 면회 시간이 다 됐다며 야멸치게 쫓아냈다.

그토록 그리던 아내와 아들이 왔으나 말 한마디 나누지 못한 채 1936년 2월 21일 오후 4시, 불굴의 혁명가 신채호는 이국의 감옥에서 눈을 감았다. 그러나 일제는 죽은 신채호조차 그냥 두지 않았다. 박자혜 모자가 화장한 유골을 안고 압록강을 건너 귀국할 때 유골함까지 열어 헤치는 만행을 저지른 것이다.

2월 24일 우여곡절 끝에 자혜는 남편의 유해를 안고 경성역에 내렸다. 권동진, 홍명희, 여운형, 신석우, 안재홍, 정인보, 김약수, 현동완 등 수많은 지인이 눈물로 이들을 맞았다. 오랜 벗 홍명희는 그의 죽음을 기리며 〈단재곡丹齋哭〉을 썼다.

"살아서 귀신이 되는 사람이 허다한데 단재는 살아서도 죽어서도 사람이다."

그러나 귀신의 나라에서 사람은 마지막 길마저 편치 않았다. 유골을 고향 마을에 묻으려 하자 무국적자라 안 된다는 것이었다. 일찍이 신채호는 일제의 호적령에 반대해 식민지 국민으로 등록하지 않고 망명했는데, 이를 빌미로 묘조차 쓰지 못하게 하니 기막힐 뿐이었다. 다행히 당시 면장 신백우가 일가붙이여서 그이의 도움으로 가매장을 할 수 있었으나 이 일로 결국 면장도 파면당하고 말았다.

갖은 우여곡절 끝에 간신히 장례를 치른 뒤, 자혜는 그

**박자혜**

제야 남편을 떠올리며 피눈물을 흘렸다.

> "당신이 남기고 가신 비참한 잔뼈 몇 개 집어넣은 궤짝을 부둥켜안고 마음 둘 곳 없나이다. 작은 궤짝은 무서움도 괴로움도 모르고 싸늘한 채로 침묵을 지키고 있습니다. 당신은 뜻을 못 이루고는 영원히 돌아오지 않겠다고 하시더니 왜 이렇게 못난 주제로 내게 오셨습니까. 분하고 원통하지 않으십니까? 당신의 원통한 고혼은 지금 이국의 광야에서 무엇을 부르짖으며 헤매나이까? … 당신의 괴로움과 분함과 설움과 원한을 담은 육체는 2월 22일 오전 11시, 남의 나라 좁고 깨끗지 못한 화장터에서 작은 성냥 한 가지로 연기와 재로 변하고 말았습니다. 당신이여! 가신 영혼이나마 부디 평안히 잠드소서… ."[13]

동지이자 지아비였던 단재가 떠난 이후, 죽는 날까지 박자혜는 다시 웃지 못했다. 학교를 졸업한 수범은 일제의 탄압을 피해 중국으로 떠나고, 그는 갈수록 극악해지는 일제 치하에서 둘째 두범과 가난한 살림을 꾸려갔다. 그러나 1942년 어린 아들마저 영양실조로 세상을 뜨고 말았다. 이제 그에게 남은 것은 가난과 병마뿐이었다.

이듬해 10월 16일 박자혜는 해방을 보지 못한 채 셋방에서 홀로 눈을 감았다. 그의 유해는 한강에 뿌려졌다. 도도

한 역사에 기꺼이 스스로를 헌신한 짧은 생애는 그렇게 한 줄기 역사가 되었다.

## 남은 이야기

중국으로 떠났던 아들 신수범은 해방 후 귀국해 은행에서 일했는데, 이승만 정부 치하에서 은행을 그만두고 넝마주이와 부두 노동자로 떠돌이 삶을 살아야 했다. 임시정부 시절 신채호에게 탄핵당한 데 원한을 품은 이승만이 공산주의자로 모는 바람에 신변의 위협을 느낀 탓이었다. 더구나 신채호가 일제 법을 거부해 호적과 국적이 없었기 때문에, 아들 신수범은 한국에서 평생 아버지 없는 자식으로 살아야 했다. 신채호는 2009년에야 국적을 회복했다. 아내 박자혜는 미혼모인 채로 죽고, 아들 수범마저 1991년 세상을 뜬 뒤였다.

# 성난 파도로 일어서다

— 1909-2005

# 김
# 옥
# 련[14]

"해녀 투쟁할 때 잡혀갈까 안 무서웠어요?"
"무서운 게 없어. 이 조그마한 몸을 바쳐가지고 우리나라가 독립된다면 내가 목숨을 바치겠다 해서 굳은 결심을 해서 해놓으니까 무서운 거 하나도 없었어요."

2003년 인터뷰에서

**김옥련 초상**
윤석남, 2020년,
한지 위에 채색,
210×94cm, 작가 소장

위) **김옥련 채색 드로잉**
윤석남, 2020년, 한지 위에 채색,
45×34cm, 작가 소장

아래) **김옥련 연필 드로잉**
윤석남, 2020년, 종이 위에 연필,
45×34cm, 작가 소장

제주 여행길에 우연히 들른 바당[15] 도서관. 바닷가 불턱[16] 처럼 돌담 사이에 숨은 소박한 모양새가 도서관이라기보다 다정한 할머니 집 같다. 안으로 들어가니 책은 안 보이고 두런두런 말소리만 들린다. 아무래도 이상해서 돌아서려는데 카랑한 목소리가 뒷덜미를 잡는다.

"이보게, 도서관에 왔으면 책을 읽고 가야지."

아이쿠, 깜짝이야! 알고 보니 이곳은 사람 책을 읽는 도서관이었다. 그리고 일단 들어오면 무조건 한 권을 읽어야 나갈 수 있다고. 헉! 그리하여 읽게 된 책은《김옥련》. 1932년 일제를 깜짝 놀라게 한 제주 해녀 항일투쟁의 주동자 중 한 분이란다. 과연, 1909년생[17] 이라는 게 믿기지 않을 만큼 안경 너머 눈빛이 형형하다. 조심스레 책을 펼치자 파도처럼 놀라운 이야기가 밀려든다.


내 고향은 제주도 구좌읍 별방 섯동네, 요즘 말로 하도리 서문동이야. 검푸른 바다가 한눈에 드는 그곳에서 어머니 정춘화, 아버지 김철호 두 분의 1남 4녀 중 막내딸로 태어났지. 아홉 살, 열 살 무렵부터 별방에서 물질을 했어. 제주 바닷가에 사는 여자는 으레 잠수潛嫂(해녀를 원래 잠수·잠녀라고 했다)가 되기 마련이라 나도 어려서부터 어머니따라 다니며 자연스레 그리 됐지.

처음엔 테왁[18] 이라고, 박으로 만든 도구가 있는데 그걸

들고 어른들 뒤를 따라다녔어. 그러다 금방 어지간한 어른 한몫을 했어. 숨이 길고 눈이 밝아서 다들 애기상군이라고 부러워했지. 해녀는 물질을 제일 잘하는 대상군부터 상군, 중군, 하군 이렇게 등급을 나누는데 상군이라면 다들 대접을 해줬어.

제주는 예부터 농토가 부족하니까 물질이 큰 수입원이었지. 어른들 말이, 구한말 때부터는 출가해녀라고 통영, 울산 같은 외지로 나가 돈을 벌기도 했는데 일본 식민지가 되면서 이런 일이 더 많아졌대요. 전보다 수요가 늘었으니까. 일본에서는 전복이나 고동 같은 건 말할 것도 없고, 우뭇가사리로 한천을 만들어 먹고 감태는 요오드 같은 의약품이랑 화학 재료로 사용했거든. 내가 해녀일 할 때도 성산포에 일본인이 세운 요오드공장이 있어서 우리가 채취한 감태를 헐값에 가져가고 그랬어.

아무튼 일제가 지배하면서 해조류 수요가 느니까 제주 해녀들 수도 함께 늘고 출가해녀 수도 크게 증가했지. 1920년대에 벌써 4000명 넘는 해녀들이 가까운 남해안부터 황해도, 함경도, 러시아, 일본으로 원정물질을 갈 정도였다고. 전체 해녀의 거의 절반이 외지로 나간 거야.

이렇게 해녀들 일거리가 늘면 돈도 잘 벌고 대접도 받으면서 잘살았을 것 같잖아? 그런데 현실은 전혀 아니야. 일본에선 조선인이라고 차별하고, 조선 본토에서는 여자가 살을 내놓고 일한다고 '제주년' '보작이년'이라고 멸시했지. 해녀를 사고팔고 심지어는 유괴하는 일도 드물지 않았어. 내가 애기상군으로 소문이 나면서 우리 집에서도 유괴당할까 봐 걱정했다고.

그뿐이 아니야. 사람대접을 못 받으면 그나마 수입이라도 좋아야 할 텐데 그렇지도 못 했어요. 일본인들이 해조회사를 차려놓고 해녀들이 채취한 해조류를 독점 수매했거든. 또 해녀를 모집할 때 준비자금이라고 미리 돈을 빌려주고서 나중에 고리대를 붙여 뜯어냈어. 그러니 열심히 일해도 해녀는 빚쟁이가 되는 거야. 저울 눈금을 속이고, 판매수수료를 떼고, 타고 다니는 배의 선주까지 거간비 조로 돈을 챙기고… 아이고!

한마디로 일제 치하에서 해녀들은 힘들게 채취한 해조류를 자유롭게 팔지도 못했고, 번 돈조차 소개료니 수수료니 이런저런 명목으로 뜯겨서 손에 쥘 수 있는 건 2할에 불과했지. 우리 동네에서도 외지로 나갔다가 빚을 못 갚아서 돌아오지 못하는 해녀들이 많았어.

1920년에 해녀들을 돕기 위한 제주해녀어업조합이 설립되면서 상황이 좀 나아졌는데 그것도 얼마 못 갔어. 1920년대 중반부터 제주 도사島司(현재 도지사)가 조합장을 겸임하면서 조합이 해녀의 권익보다 일제의 이권부터 챙겼거든. 조합에선 특정 상인한테 독점판매권을 주고 판매가도

김옥련

생산비에 한참 못 미치는 지정가격이란 걸 정해서 그 값으로만 생산물을 팔게 했지.

당시 우리 마을은 니노미야라는 일본 상인이 독점권을 갖고 있었는데 아주 지독했어. 지정가격도 제대로 안 줬다고. 전복 같은 게 많이 잡힌 날이면 트집을 잡아서 제값을 안 주고, 전복 장사가 안 된다고 아예 사지도 않아서 할 수 없이 헐값에 넘겨야 했어. 감태 같은 것도 파도에 뽑힌 것은 안 받아서 손해를 봤지. 이래저래 해녀들은 자기가 채취한 것을 마음대로 팔지도 못하고 싼값에 넘겨야 하는 거야. 그렇다고 조합을 내 발로 나갈 수도 없어. 무조건 조합에 가입하고 조합비를 내야 돼.

내가 애기상군이라는 말을 듣기는 했지만, 사실 제대로 물질을 하려면 열대여섯에서 스무 살은 돼야 해. 그래야 힘이 있어서 돈 될 만한 걸 캘 수 있으니까. 그런데 조합에서는 이제 막 일 배우는 어린애부터 늙고 병들어 변변히 물질도 못 하는 해녀들한테까지 전부 조합비를 거둬갔어. 그뿐인가? 수수료니 사례비, 선주 임금까지 죄다 해녀 수입에서 공제하는 거야. 해녀들에게는 조합이 도움이 되기는커녕 오히려 무서운 착취 기관이었지.

나는 어렸지만 이런 조합의 행태가 영 마뜩잖았어. 하지만 야학에 다니지 않았다면 우리 엄마나 다른 삼춘[19]들처럼 그저 팔자 탓이나 하고 말았을 거야. 지금 생각하면 열서너

살 때 야학에 들어간 것이 내 삶의 전환점이 된 것 같아.

당시 하도리 굴동에 하도보통학교가 있었어. 하도리 유지들이랑 지역민들이 십시일반으로 세운 학교였지. 하지만 보통학교에 다니는 건 남자들뿐이야. 일찍부터 물질로 돈을 벌고 틈틈이 밭일에 집안일까지 해야 하는 나 같은 여자애들은 학교에 가고 싶어도 갈 수가 없었어요. 우리 언니들도 그래서 가갸거겨도 모른 채 살았다고.

그런데 이 무렵에 하도리 출신인 오문규, 김순종, 부대현 이런 청년 지식인들이 학교에 못 다니는 사람들을 위해 보통학교에 야간강습소를 만들었어. 비슷한 때 우도에서도 강관순, 신재홍 선생이 야학을 만들어서 가르쳤다더군. 나중에 보니까 민족정신으로 무장한 청년들이 '혁우동맹'이라고, 일제를 몰아내고 새 세상을 만들자는 비밀결사를 조직해서 야학 활동을 시작했던 거야. 민족운동이고 계몽운동이지. 하도리 청년뿐 아니라 인근 세화리의 문도배, 김시곤, 종달리에선 한향택, 한영택 등 여러 사람이 참여했다고 해.

아무튼 우리는 야학이 생기니까 얼마나 좋은지. 나랑 같이 물질하던 또래 친구들이 다 야학에 들어갔어. 굴동 사는 부춘화 언니랑 부덕량, 고순효(호적 이름은 고차동), 우리 동네 사는 김계석이랑 다들 다녔어. 나도 가고 싶었는데 부모님이 여자가 배우면 큰일 난다고 어찌나 반대를 하는지. 그런데 어느 날 선생님들이 우리 집으로 찾아와서 부모님한테 부탁을 하는 거야. "다른 아이들은 공부를 못 시키셨지만 옥련이만큼은 학교에 보내줍서" 하고. 그중엔 춘화 언니의 오빠인 부승림 선생도 있었어. 그러니까 마을 어르신들도 막내딸이 그렇게 원하는데 야학에 보내주라고 우리 부모한테 한마디씩 해서 덕분에 나도 야학에 가게 되었지.

낮에 물질하고 밥해 먹고 남들 잘 적에 야학에 다녔어. 그러다 나중에 선생님들도 좀 쉬셔야 하니까 네다섯 시에 가서 두 시간쯤 배우고 그랬어. 몸은 힘든데 배우는 게 재미있어서 힘든 줄도 몰랐어. 우리 반이 여덟 명인데 보통학교에서 배우는 건 다 배웠어. 일본어만 빼고. 일본어는 일부러 안 가르쳤어. 대신 한글, 역사, 산수, 주산, 또 한문이랑《노동독본》도 배웠지. 그리고 저울눈 읽는 법! 해녀들이 저울눈을 모르니까 일본인들이 저울 눈금을 속였거든.

나는 공부를 제법 잘했는데 특히 글 짓는 거, 작문을 잘했어. 우리 담임이 부대현 선생님이었는데 글재주가 있다고 칭찬을 해주셨지. 읽기 쓰기만이 아니라 우리나라 역사, 지리도 배우면서 민족의식이 생겼어. 선생님들은 일제의 압박에서 벗어나 독립하려면 부지런히 공부해서 배워야 한다고 가르치셨지. 이렇게 하나둘 배우면서 세상 보는 눈이 생기고, 조합에 대해서도 문제가 뭔지 알게 됐어. 우리의 권리를 찾아야겠다는 마음이 생겼지.

그때부터는 선생님들이 회의할 때 우리랑 함께하셨어.

우리가 학생에서 동지가 된 거야. 회의에서 어떻게 하면 일본 치하에서 벗어나 독립을 할 수 있을까, 우리는 무엇을 할까 의논했어. 해녀 문제가 너무나 심각한 걸 그때 깨달았지. 내가 해녀라도 그동안 잘 몰랐는데, 의식이 생기니까 해녀들이 일제가 주도하는 조합이랑 공장, 일본 상인들한테 착취당하는 걸 알게 됐어. 그래서 해녀들, 여자들부터 힘을 합치자고 결의하고, 하도리에 부인회와 소녀회를 조직했지. 부녀회장은 부춘화 언니가, 소녀회 회장은 내가 맡았어.

당시 선생님들은 야학뿐 아니라 마을 사람들 전체를 상대로 계몽 교육도 많이 했어요. 학교에서 강연회를 하면 남녀노소 할 것 없이 가득 모였지. 다들 세상 돌아가는 사정이 궁금하니까. 하루는 강연회 날, 오문규 선생님이 글을 써주면서 나 보고 외워서 연설을 하래요. 내가 외기도 잘하고 말도 곧잘 했거든. 좀 떨렸지만 눈 질끈 감고 연단에 올라가서, "우리가 일본 식민지가 된 것은 옛날 양반들이 잘못해서다, 무능한 양반들 말만 듣다가 일본에게 나라를 뺏겼으니 이제라도 제대로 배워서 독립하자!" 하고 연설을 했지. 그랬더니 구좌면장에 해녀조합 지부장하던 강공칠이 우리 아버지 이름을 막 불러. "저년 끌어다가 때려라" 하면서. 순간 마을 청년들이 와 하고 일어났어. "왜 그러냐? 우리나라 현실을 당신이 제대로 아느냐? 당신 같은 사람이 이러고 있으니 우리 조선이 일본 사람들한테 지배를 받는 거다" 하고 항의를 하는데 보는 내가 가슴이 벅차더라고. 돌이켜보면 그때 이미 항일운동이 시작됐던 거야.

처음 일이 터진 건 1930년 성산포였어. 그때 우뭇가사리 지정가격이 시가의 절반밖에 안 되는 20전이었는데, 그걸 조합 서기가 상인들이랑 결탁해서 18전으로 내려버린 거야. 해녀들이 항의를 했더니 경찰이 오히려 해녀 대표 네 명을 붙잡아서 한 달이나 감옥에 가뒀어. 또 이 사실을 알리는 격문을 썼다고 인근 마을 청년들 수십 명을 잡아들이는 바람에 오문규, 부승림 선생님이 체포돼서 벌금형을 받았지.

이 일로 해녀들은 물론 도민들 사이에 관제조합에 대한 반감이 아주 커졌어. 전에는 불턱에서 쉴 때 우리가 조합에 대해 비판하면 꺼리고 눈치 보던 삼춘들도 그때부터는 다 맞장구를 치고 불만을 얘기하더라고. 조합이나 경찰은 우리 편이 아니라는 걸 뼈저리게 느낀 거지. 우리가 이참에 진짜 해녀를 위한 조직을 만들자고 하니까 다들 좋다고 해서 이듬해 봄에 해녀회를 만들었어.

그러고 얼마 지나 사건이 일어났어. 조합이 오오야마라는 일본인에게 시가의 4할 가격으로 감태를 매수할 수 있게 하더니, 생복 상인으로 지정된 자가 제 맘대로 지정가격을 정해서 말도 안 되는 값에 전복을 팔라는 거야. 해녀들이 화가 나서 들고 일어나니까 조합에서 금방 해결하겠다고 약속을 해요. 잘못을 바로잡겠다고.

그래서 믿고 기다렸는데 아무 소식이 없어. 우리 하도리 해녀들은 싸우기로 결의를 하고, 이웃 마을 종달리, 연평리, 세화리를 돌아다니면서 진상을 알리고 같이 싸우자고 했지. 다들 선뜻 찬동을 하더라고. 12월 20일에 회의를 열어서 나랑 부춘화 언니랑 부덕량, 이렇게 대표들 몇 명을 선출하고, 제주읍에 있는 해녀조합 사무소로 가기로 결정을 했어요. 육로로 가면 경찰이 막을까 봐 통통배를 타고 바닷길로 갔어. 흰 저고리에 검정 치마를 입고, 돌레떡이라고 밥주발로 둥글게 떠낸 메밀떡 여섯 개를 전대에 담아서 갔는데 파도가 너무 세서 김녕 쯤에서 돌아오고 말았지.

한 번 실패는 했지만 그렇다고 그냥 물러날 수 있나? 우리는 다음 해 1월 7일 세화리 장날에 시위를 하기로 했어. 그날 우리 마을 해녀 300여 명에 이웃 마을 해녀들까지 합세해서 장터에서 대규모 집회를 열었지. 장 보러 온 사람들에 구경꾼에, 수천 명이 모여서 열기가 어마어마했어.

우리는 조합의 부당한 행태를 성토하는 연설을 죽 하고 제주읍의 조합 본부로 행진을 했어. 구좌면사무소 앞에 오니까 면장이 자기가 책임지고 요구 조건을 해결하겠다는 거야. 한 번만 믿어보라고 아주 다짐을 하기에 5시쯤 일단 해산을 했지. 근데 며칠 뒤에 조합에서 다시 전복 같은 패류를 지정 판매하겠다고 광고를 하지 뭐야! 해결하겠다는 말이 다 거짓이었던 걸 알고 얼마나 화가 나던지.

김옥련

그때 회장인 부춘화 언니가, 12일 날 제주도사 겸 해녀 어업조합장인 다구치 데이키가 순시차 구좌에 오니 그날 구좌면 해녀들이 다 같이 시위를 벌여 요구 조건을 제시하자 그러더라고. 다들 좋다고 했지. 그때부터 동네를 죽 돌면서 12일 아침에 연두막 동산으로 모이라고 연통을 놓아.

약속한 날, 걱정 반 기대 반으로 세화장에 갔더니 이른 아침부터 사람들이 엄청나게 몰려드는 거야. 힘이 나더라고. 우리는 물질할 때 차림 그대로 물소중이(하의)에 물적삼(상의)만 입고 호미랑 빗창[20]을 들고 나갔는데, 그 추운 겨울날 구좌 해녀들에다 우도에서 온 해녀들까지 700여 명이 다 그러고 모였어요. 너무 추웠지만 우리가 해녀라는 거, 해녀는 강하다는 걸 보여주려고 일부러 그렇게 입었어. 사람들이 깜짝 놀랐지.

11시쯤 빗창을 휘두르면서 만세를 외치는 걸로 집회가 시작됐어. 동네마다 해녀 대표들이 나와서 연설을 했지. 말잘하는 김계석이도 하고 나랑 춘화 언니도 하고. "너희들이 총칼로 대항하면 우리는 죽음으로 대항한다" "일본은 물러가라" 하고 외쳤지.

그러고 세화주재소로 행진을 하는데 거기서 다구치가 탄 지프차랑 딱 마주친 거야. 우리는 차를 에워싸고, "우리가 보낸 항의서에 대답하지 않는 이유는 무엇이냐?" "우리를 착취하는 일본 상인들을 몰아내라" 하고 소리쳤어. 일본 경찰들이 칼을 휘두르면서 진압하려고 하는데 우리가 수도 많고 또 빗창을 막 휘두르면서 저항하니까 어쩔 줄을 몰라. 도사는 호위대 틈에 숨어서 간신히 지서 안으로 도망치고. 그걸 보고 나랑 춘화 언니가 돌담 위에 올라가서 구호를 외쳤지.

"우리 해녀들을 착취하는 조합 서기를 파면하라!"

"일제의 지정 판매 절대 반대한다!"

경찰들이 시위대를 해산시키려고 칼을 휘두르고 채찍으로 때리다가 나중엔 주재소 지붕 위까지 올라가서 공포탄을 막 쐈어. 어린 해녀들은 겁을 먹었지. 그런데 계석이가 큰소리로 "너희들이 총칼로 대항하면 우리는 죽음으로 대항한다" 하고 외치니까 다들 기운이 나서 똘똘 뭉쳤지. 해도 해도 안 되니까 그제야 도사가 대표들을 만나겠대. 그래서 우리가 주재소에 들어가서 도사랑 면담하고 요구 조건을 제시했더니 5일 안에 해결하겠다고 약속을 하더라고. 그약속을 받아내고 우리 해녀들은 하늘이 터지도록 만세를 부르고 유유히 해산했지.

하지만 이번에도 거짓말이었어. 앞에서는 우리 요구를 들어주는 것처럼 하면서 뒤로는 시위 주동자를 색출하려고 온 사방을 쑤시고 다닌 거야. 23일에 고등계 형사들이 문도배, 한원택, 신재홍 등 우리를 도와준 선생님들이랑 청년 수십 명을 검속해서 가두고, 하도리 사는 오문규 선생님도 끌고 가려고 왔더라고. 그래서 체포된 이들을 구출하려고 우리는 24일 날 해녀 500여 명을 이끌고 주재소를 습격해 건물을 파괴했지. 경찰은 총을 쏘고 난리도 아니었어. 하지만 우리가 그런다고 물러날 사람들인가.

그랬더니 일제가 목포경찰대를 불러서 25일 오후쯤에 100명이 넘는 경찰진압대가 긴급출동을 했어요. 이놈들이 총칼로 완전무장을 하고 와서 총을 쏘면서 우리를 체포했지. 시위 참여자를 찾아내려고 사람들이 몰리는 곳에 붉은 물을 뿌려서 옷에 표식이 남게도 하고 아무튼 별짓을 다해서 나랑 부덕량이랑 100명도 넘게 검거됐지. 회장인 부춘화 언니는 우도로 피신했다가 다른 사람들이 고생한다고 제 발로 들어왔어. 애초에 시위하기 전에 우리가 다른 해녀들한테 그랬어. 잡히면 무조건 모른다고, 우리가 시켰다고 하라고. 괜히 여러 사람 고생할 필요가 없잖아, 우리 회장단 몇만 고생하면 되지.

그때 잡혀가서 다른 사람들도 고생했지만 부춘화, 나, 부덕량 우리 세 명은 주동자라고 말도 못 하게 고문을 당했어. 담당관이 조선인인데 성격이 얼마나 악독한지. 취조할 때는 항상 술을 잔뜩 먹고 시작해. 저도 맨 정신으로는 못 할 짓이라 그랬는지. 아무튼 이놈이 장작 위에 무릎을 꿇리고 그 위에 나무토막을 놓고 올라서요. 등을 벗겨서 쇠좆매로 때리기도 하고. 가장 심한 건 물고문! 머리를 잡아채고 코에 물을 붓는데 처음엔 바닷속에서 물건 캐오는 시간 정도만 참으면 되겠지 생각했거든. 아니야, 순진한 생각이더라고. 너무 괴로워서 그냥 졸도를 하게 돼. 겨울인데, 정말 죽겠다 싶어.

그래도 견뎠어. 주모자를 불라고 하는데 우리는 아무 말도 안 했어. 자칫하면 우리 선생님들이 고초를 겪을 테니까. 우리한테 선생님들은 부모보다 더한 분이야. 부모는 어디 사상이나 공부에 대해서 얘기해주나? 다들 여자는 공부하면 안 된다고 하는데 그분들이 우리를 공부시키고 눈을 뜨게 해줬잖아. 그러니까 아무리 힘들어도 참았지. 나중에는 일제 경찰들도 우리 해녀들의 강인한 기질과 단결심에 탄복을 하더라고.

결국 우리 셋은 6개월 형을 선고받고 감옥살이를 했어. 다행히 고순효랑 김계석은 다른 동네로 잘 피해서 감옥살이를 면했는데, 그 바람에 해방되고 독립유공자 선정할 때 속상하게도 제외가 됐어. 감옥만 안 갔다 뿐이지 독립투쟁을 안 한 게 아니잖아. 친일파들한테는 웬만하면 이해해주자고 하면서 독립투쟁을 한 사람들한테는 왜 그리 깐깐하게 구는지….

아무튼 형무소에서도 같이 잡혀온 혁우동맹 선생님들을 도와서 감방들 사이에 몰래 편지를 전해주고 그랬어. 그때 우도에서 활동하다 잡힌 강관순 선생님은 감옥에서 〈해녀의 노래〉를 작사했는데, 나중에 그 노래가 해녀들 사이에

김옥련

크게 퍼졌다오.

다음 해 봄에 우리는 석방이 됐는데, 형은 6개월이었지만 실제로는 1년 넘게 감옥에 갇혀 있었지. 나는 원래 시위 일어나기 전에 오문규 선생님 소개로 혁우동맹의 한영택 씨랑 사귀다가 약혼한 상태였거든. 그런데 내가 해녀 사건으로 투옥되면서 처음엔 영택 씨가 밖에서 나를 기다렸고, 얼마 뒤엔 그이가 제주도 청년회 사건으로 목포형무소에서 3년간 있었지.

그 바람에 우리는 스물네 살이 되어서야 결혼을 했어. "모범결혼"이라고, 신식결혼을 한다고 가마도 없이 검은 옷을 입고 신랑이 사는 종달리까지 걸어가서 결혼식을 올렸지. 결혼해서 나는 3남매를 낳고, 나중에 부산으로 와서 혼자 벌어서 애들 다 가르쳤지. 춘화 언니는 풀려나서도 경찰이 하도 감시하고 그러니까 일본 오사카에 사는 사촌 언니 집으로 피신해서 거기서 세화리 출신 고한일 씨랑 혼인해서 아이들 낳고 살았지. 안타까운 건 그때 추운 감옥에서 부덕량이가 폐병에 걸려 결국 얼마 안 가 세상을 뜬 거야. 시위하고 나서 해녀들이 채취한 물건들이 제값을 받게 됐지만 그 뒤엔 이런 희생이 있었던 거지.

그나마 부춘화, 부덕량, 나는 건국포장이라도 받았지만 당시 함께 싸웠던 동지들이 다 인정을 받지는 못해서 그게 마음에 쓰여. 해녀로서 독립을 바라며 일제와 싸운 것은 똑같은데 왜 거기에 차등을 두나? 속상한 마음이 들 때면 바다로 가. 파도를 보면서 〈해녀의 노래〉를 부르면 시름이 잊히는 것 같아.

우리들은 제주도의 가엾은 해녀
비참한 살림살이 세상이 안다.
추운 날 무더운 날 비가 오는 날
저 바다 물결 위에 시달리는 몸

배운 것 없는 우리 해녀 가는 곳마다
저놈들의 착취 기관 설치해놓고
우리들의 피와 땀을 착취해간다.
가이없는 우리 해녀 어디로 갈까.

해방이 되고 이리 잘사는 나라가 됐지만 가끔 생각하면 가슴이 아파. 우리가 한 일은 자랑스럽지만 세상이 너무 박하고 빨리 잊는 것 같아서. 하지만 후회는 안 해. 우리가 누구야? 제주 바다를 지키고 나라를 지킨 해녀잖아. 자랑스러운 설문대 할망의 후손인 제주 해녀라고!

# 다큐멘터리 '잊힌 혁명가를 찾아서'

— 1897?-?

# 정
# 칠
# 성 [21]

"내가 오늘날까지 걸어온 길이란 오로지 조선 여성을 위해서이
지만 글로써 발표한 것이나 말로써 부르짖은 것이나 모두 조
선의 여성에게 각성하라는, 현실을 잘 파악하는 여성이 되라는
것뿐이었지요. 다시 말하면 가장 현실을 잘 알고 현실을 똑바
로 보는 사람이 되라는 것뿐이었지요."

〈여류문장가의 심경 타진〉, 《삼천리》 제7권 11호, 1935년

**정칠성 초상**
윤석남, 2020년,
한지 위에 채색,
210×94cm, 작가 소장

위) 정칠성 채색 드로잉
윤석남, 2020년, 한지 위에 채색,
45×34cm, 작가 소장

아래) 정칠성 연필 드로잉
윤석남, 2020년, 종이 위에 연필,
45×34cm, 작가 소장

내레이션: 여기 한 사람이 있습니다. 갸름한 얼굴에 선명한 이목구비가 돋보이는 그의 이름은 정칠성. 조선 최고의 기생에서 사회운동가로 변신해 '사상기생'이라 불렸던 독립운동가이지요. 그는 식민지 시기 최대의 민족운동 단체인 신간회와 근우회에서 맹활약한 핵심 인물이었고, 주요 신문 잡지에서 예리한 필력을 자랑한 언론인이었습니다.

하지만 그는 또한 베일에 가려진 인물이기도 합니다. 기생 시절 작성한 기적妓籍을 토대로 1897년생으로 짐작하지만 그의 정확한 생년월일은 알 수 없습니다. 1902년생이라거나 1905년생, 심지어 1908년생이라는 설도 있지요. 부모의 이름이나 가족관계도 전하지 않고요. 출생만이 아닙니다. 그가 언제 어떻게 죽었는지도 우리는 알지 못합니다.

생각해보면 우리가 아는 건 그저 기생 출신 독립투사라는 남다른 이력뿐인 것 같습니다. 그가 쓴 많은 글이 남아 있음에도 우리는 그가 어떤 사상을 가졌고 어떤 활동을 했으며 어떻게 살았는지 아는 것이 거의 없습니다. 그의 생몰년도를 모르듯 그가 누구인지도 모른 채 '사상기생'이라는 별칭 속에 그를 가두었다고나 할까요.

그래서 우리는 그가 어떤 사람이었는지 직접 알아보기로 했습니다. 그와 인연을 맺었던 사람들, 그를 아는 사람들을 찾아다녔고, 물었습니다. 당신이 만난 정칠성은 어떤 사람입니까? 기생, 사회운동가, 페미니스트, 어머니… 많은 모습 중 무엇이 진짜 그의 정체입니까? 정칠성은 누구입니까?

행수기생: 정칠성? 아, 금죽이! 난 금죽이로 불러 버릇해서 그 이름이 익숙해. 걔 기명이 금죽<sup>琴竹</sup>이야. 거문고 잘 타고 대나무 잘 그리고, 또 성격이 대쪽 같은 데가 있어서 이름을 금죽이라고 했어. 여덟 살인가 되던 해에 제 발로 기생이 되겠다고 왔지. 집안이 가난해서 애를 제대로 키울 형편이 못 되긴 했지만 부모가 기생 만든 건 아냐. 그때는 가난한 집에서 열두 살 먹은 여자애들을 수양딸이라고 팔아서 기생시키고 그러던 시절인데 금죽이는 아니야. 지 말로는 대구관찰사가 큰 잔치를 벌일 때 우연히 구경 갔다가 기생들 공연하는 걸 보고 반했대. 처음엔 동네 기생집에 찾아다니면서 배웠는데, 춤이고 노래고 하나를 가르치면 금세 열을 아니까 천재라고 소문이 났지. 나도 가르치면서 여러 번 놀랐어. 어린 게 어찌나 야무지게 잘하는지, 머리도 좋고 재주가 있더라고. 한 가지 흠이라면, 사실 그게 흠은 아니지만, 암튼 책 읽는 것을 너무 좋아하는 거야. 책에 빠져서 춤 공부를 빼먹었다가 선생한테 혼쭐이 난 게 한두 번이 아냐. 그래도 책이라면 사족을 못 쓰더니 나중에 그렇게 똑똑한 신여성이 되더라고.

어려서부터 시조창을 잘해서 큰 잔치마다 불려 다녔어.

음악적으로 타고났지. 남중잡가, 가야금산조, 병창, 입창, 좌창 못하는 게 없었다고. 나중에 이화여전에서 가야금 교수로 초빙을 했는데 사회운동 한다고 안 갔지. 춤도 궁중무용에서 나온 정재 열두 가지를 잘 췄어. 시도 잘 짓고, 정식으로 배우지도 않았는데 그림도 잘 그리고, 바둑까지 잘 뒀어. 그러니 인기가 있을 수밖에.

열일곱, 열여덟 그즈음에 서울로 가서 대정권번이라고 당시에 제일 큰 기생조합에 들어갔다가 얼마 뒤에 계옥이랑 한남권번에서 이름을 날렸지. 원래 금죽이처럼 기예 잘하는 일패기생은 남편처럼 한 남자를 정해놓고 지내잖아. 금죽이도 잠시 명문대가의 소실 노릇도 하고 어느 사또집 며느리 노릇도 했는데, 집 안에서 꽃 노릇 하는 건 성미에 안 맞았을 거야.

아무튼 기생으로 날리더니 만세운동 뒤에 갑자기 기생 관두고 유학을 간대서 얼마나 놀랐게. 설마 했는데 진짜 몇 년 있다 가더라고. 내 짐작에 아마 애 낳느라고 몇 년 지체된 것 같아. 걔한테 아들이 있잖아, 이동수라고. 애 아버지? 몰라, 누군지. 금죽이는 한 번 아니다 싶으면 말도 안 해. 아주 대쪽 같애.

내가 평생 이 바닥에서 기생을 수도 없이 봤지만 금죽이는 일패 중에도 일패야. 인물 곱고 소리 좋고, 못하는 게 없는 데다 성격도 맺고 끊는 게 분명하니 깔끔하고. 걔가 나중

정칠성

에 사회운동 한다는 말을 들었을 때 처음엔 놀랐어. 예쁜 거 좋아하는 일류 기생이 어떻게 사회운동가로 사나 싶었는데 가만 생각하니 금죽이라면 그러고도 남겠더라고.

현계옥(대구 출신 기생, 의열단에 투신한 독립투사): 금죽이랑은 대구에서부터 알고 지냈지만 가까워진 건 서울 와서예요. 내가 열아홉 되던 해 경성 와서 한남권번이라고 남도 출신 기생들이 만든 조합에 들어갔는데 금죽이가 거기 있었어요. 또래에 고향도 같고 생각이며 취미도 비슷해서 금세 친해졌지요. 음, 근데 성격은 달랐어요. 내가 그때 현정건²²씨랑 연애하면서 양쪽 집안이 반대하고 또 그이가 독립운동 한다고 망명 가는 바람에 몇 년 동안 맘고생이 심했거든요. 그런데 금죽이는 연애라든가 남자한테 별로 연연하지 않았어요. 그렇다고 무심한 성격은 아니고, 내가 상심해 있을 때 위로를 많이 해줬어요.

책을 아주 좋아했는데, 하루는 말 타고 나라를 구하는 외국 여걸들의 전기를 읽고는 승마를 배우겠다고 해요. 나한테 같이 하자고 해서 처음에는 망설였지요. 그랬더니 "외국 여자들은 말 타고 전쟁에 나가서 남자보다 더 활발하고 용감스럽게 싸우더라. 우리도 그런 여자들처럼 말도 타고 싸움도 잘해서 조선의 유명한 여장부가 되면 좋지 않겠니?" 하더라고요.

140

내가 그때 현정건 씨 따라서 중국 갈 맘을 먹고 있을 때라 그 얘기에 솔깃해서 같이 말타기를 배웠지요. 한남권번에 있던 김남수도 같이 배워서 두어 달 만에 곧잘 타게 돼가지고 셋이 기마복까지 차려입고 성 내외로 달리고 돌아다녔는데 얼마나 기분이 상쾌하던지. 그러다 여자들이 말 타고 문밖출입을 한다고 말들이 나서 종로경찰서에서 불러대고 하는 바람에 그만뒀죠. 아무튼 금죽이는 그때가 인생에 가장 유쾌했던 일이라고 회고하던데 나도 그랬어요. 그 동무 덕분에 답답한 생활에 숨통이 트였고 또 그 덕에 의열단에 투신할 용기도 낼 수 있었지요.

기미년 3·1운동은 우리 둘 다한테 엄청난 충격이었어요. 나는 현정건 씨가 상하이로 망명 가면서 독립운동에 관심이 있었지만 금죽이랑 그런 얘길 하진 않았어요. 일제 지배나 봉건사회에 불만은 있었어도 어떻게 해야 할지 분명한 의식이 없었거든요. 그런데 만세운동이 일어난 걸 보고 조선을 떠나 독립투쟁을 하기로 마음먹었지요.

금죽이도 3.1운동으로 큰 충격을 받았던 것 같아요. 몇 날 며칠 시위대를 따라다니다가 경찰서에 잡혀가기도 했지요. 특별한 혐의가 없어 곧 풀려났는데, 와서 그래요. "깊은 뜻은 모르겠지만 종로 네거리에 서서 시위대를 바라보는데 막 가슴이 뛰면서 눈물이 나더라."

그러더니 어느 날 기름 바른 머리를 탁 잘라버리더라고

요. 이름도 북두칠성에서 따와서 자기가 직접 '칠성'이라고 짓고. 이제부터 자기는 기생 금죽이가 아니라 정칠성으로 살 거라는 거예요. 걔는 기예가 뛰어난 예기藝妓고 맵씨 있는 멋쟁이였던지라 나는 좀 놀랐어요. 내가 친구를 잘 몰랐구나 싶었지요.

얼마 뒤 나는 독립자금을 구하러 온 현정건 씨를 설득해 중국행을 결행했어요. 내가 "한 여자로 보지 말고 같은 동지로 생각해달라"고 하자 정건 씨도 더는 반대하지 못하더군요. 나는 바로 만주로 가서 의열단에 합류했어요. 금죽이, 아니 칠성이는 그런 나를 지켜보며 장하고 부럽다고 격려를 많이 해줬어요. 자기도 주변 정리만 되면 미국에 가서 공부를 할 거라고 하더니 도쿄로 유학을 갔다더군요. 평소에 외국 소설이랑 활동사진을 보면서 넓은 세상으로 나가고 싶어 했는데 실행에 옮긴 거지요. 그런데 나중에 유학하고 돌아와 국내에서 독립운동 한다는 얘길 듣고 참 자랑스럽고 기뻤습니다.

세상은 기생을 우습게 보지만 사실 기생들처럼 세상사에 밝고 의리 있고 나라에 지조를 지킨 존재가 드물어요. 논개는 말할 것도 없고, 3·1운동 때 수원기생 김향화를 비롯해서 얼마나 많은 기생들이 독립운동에 앞장섰나요. 금죽이는 그런 기생들의 대표주자고, 언제나 자랑스러운 내 동무지요.

**황신덕**(유학 시절과 근우회를 함께한 동지, 1930년대 후반부터 친일 행각): 정칠성 씨와는 일본 유학 시절에 만났습니다. 나는 니혼여자대학교 사회사업부에 다니면서 여자 유학생들이 모인 학흥회, 여자기독청년회 같은 조직을 만들어 활동했습니다. 칠성 씨는 1922년에 일본 와서 도쿄영어강습소에 다니고 있었지요. 처음엔 기생 출신이라 그래서 선입견이 있었는데 볼수록 사람이 소탈하고 깔끔하더군요. 여학교 나온 친구들은 오히려 남자들이랑 연애도 하고 그랬지만 칠성 씨는 공부만 해서 좀 놀랐습니다. 강연회 같은 데 빠짐없이 찾아다니면서 새로운 이론을 배우고 사회운동에도 참여했고.

1923년에 나랑 박순천이 당시 유명한 여성 사회주의자 야마가와 기쿠에에게 강연을 부탁했어요. 칠성 씨는 그걸 듣고 감명을 받아서 그때부터 기쿠에는 물론이고 사회주의 사상을 열심히 공부했습니다. 1925년이든가, 두 번째로 일본 유학 갔을 때 기쿠에 글을 소개하는〈로자 룩셈부르크—여성과 사회〉라는 팸플릿을 낼 정도로 공명했지요. 기쿠에는 여성 노동자가 운동의 주체라고 주장했는데, 그건 칠성 씨의 활동 신조였어요. 어려서부터 생활전선에 나선 자기 경험으로 여성 노동자들이 겪는 애환이나 저력을 잘 알았던 것 같아요.

그런데 그건 나중 일이고 처음 만났을 땐 미국 유학 준비하면서 영어랑 타이핑 배우고 그랬답니다. 그러다 학비 때문에 못 가게 됐다고 얼마 뒤에 귀국했지요. 결혼하거나 그럴 줄 알았는데 대구로 돌아가서 물산장려운동에 참여하더니 그해 10월에 이춘수 씨랑 대구여자청년회를 창립하고 지역에서 사회운동을 하더군요. 나중에 왜 경성으로 안 가고 대구로 갔냐고 물으니까 뿌리가 있는 데서 운동을 해야 튼튼하지 않겠냐고 그래요. 그게 얼마나 중요한 얘긴지 그때는 잘 몰랐습니다.

그이는 우리처럼 머리로 사상을 받아들인 사람하고는 달랐습니다. 젊어서는 나도 사회주의 공부하고 여성해방, 민족해방을 부르짖었지만 현실과는 괴리된 관념론, 이상론에 가까웠지요. 한데 정칠성 씨는 일제를 왜 타도해야 하는지, 여성해방이 왜 필요한지, 어떻게 해야 가능한지, 몸으로 마음으로 알았던 것 같아요. 내가 진작 그걸 깨달았으면 삶이 좀 달라졌을까….

허정숙(근우회 동지, 여성운동가, 북한 정부에서 고위직 역임): 정칠성! 정말 멋진 친구지요. 당당하고 단단하고 그러면서도 속은 한없이 부드럽고. 우리가 함께하기 시작한 건 1924년 5월 우리나라 최초의 여성 사회운동 단체인 조선여성동우회를 결성하면서예요. 여성동우회는 처음으로 여성해방을 전면에 내건 단체라 초기에는 회원 확대에 애를 먹었소. 나도 그렇고 동우회 동지들이 대개 경성의 학생, 인텔리 대상으로 조직 활동을 했는데, 칠성 씨는 자기가 활동하던 대구의 청년여성단체를 중심으로 지역운동으로 확대해갔어요. 지식인보다 일반 부인들을 조직하는 데 더 힘을 썼고, 인천노총에서 주세죽이랑 집행위원으로 활동하면서 여성노동자들과 연대하는 데도 앞장섰지.

나랑 주세죽이랑 다 친했는데, 막상 우리가 화요파 공산주의자들이랑 경성여자청년동맹을 만들 때는 참여를 안 했어요. 대신 경북 지역에서 만든 사합동맹四合同盟이라는 사상단체에 들어갔지. 사상적으론 같았는데 활동 방식이랄까, 그런 건 좀 달랐소. 공산당보다 대중운동을 더 중시했달까.

칠성 씨가 얼마나 열심이었냐면 1925년에 다시 유학 가서 도쿄여자기예학교에 다녔는데, 그때 일본에서 여성운동단체인 삼월회를 조직해 간부로 활동하면서 동시에 국내에서도 대구여자청년회랑 사합동맹 활동을 했어요. 부잣집 딸도 아니고 제가 벌어서 공부하고 활동해야 했으니까 정말 힘들었을 텐데, 더구나 기생 출신이라고 업신여기는 치들이 여전히 있었고. 근데 내색을 안 해서 몰랐어요. 나중에 그이가 "성가신 일을 당할 때마다 사내로 태어났다면 혹은 백만장자의 외동딸로 태어났더라면 하고 상상했다"라고 쓴 걸 보고 그때 알았지요. 미안하고 가슴 아프더라고. 하지

정칠성

만 그이는 그런 것도 다 제가 감당할 몫이라고 받아들이고, 자기처럼 차별받는 조선 민중, 조선 여성들의 해방을 위해 온몸을 바쳤다오. (잠시 침묵)

칠성 씨는 책벌레요. 아우구스트 베벨의 《부인론》은 읽고 또 읽고 외우다시피 했고, 알렉산드라 콜론타이는 우리 둘이 참 좋아해서 콜론타이 사상을 조선에 소개하는 데 앞장섰지요. 콜론타이는 여성이 해방되려면 경제적으로 독립해야 하고 가사노동을 사회화해서 공동육아를 해야 한디고 주장했소. 부르주아적 가족제도를 비판하고 자유연애를 해야 한다고도 했고. 우리는 경제적 독립을 위한 여성 노동의 중요성을 역설했고, 특히 칠성 씨는 탁아소 설치 같은 공동육아 제도에 대해 주장을 많이 했는데, 세상에서는 만날 '붉은 연애'가 어쩌고 하면서 자유연애 얘기만 했어요. 기자들이 성욕, 정조 그런 걸 자꾸 물어보니까 칠성 씨가 아주 싫어했지.

책을 많이 읽어서 그런지 글도 참 잘 썼어요. 1926년에 삼월회 간부 자격으로 《조선일보》에 〈신여성이란 무엇〉이라는 논설을 발표했는데 어찌나 명쾌하게 잘 썼는지, 장안의 화제가 됐답니다. 신여성 하면 자유연애부터 떠올릴 땐데, "신여성이란 구제도의 불합리한 환경을 부인하는 강렬한 계급의식을 가진 무산여성"이고 "새로운 환경을 창조하려는 정열이 있는 새 여성"이라고 선언했다고. 어떤 작자가 그걸 보고 기생이 이런 글을 쓸 수가 없다고, 누가 대필해준 거라고 해서 내가 아주 혼쭐을 내줬어요.

당시에 여성 운동가들은 다 이런 편견에 시달렸는데 그이는 더 심하게 겪었지. 그 친구가 근우회 중앙위원장 할 때 인터뷰한다고 불러놓고, "학두루미" 같다느니 "오래 피는 백일홍이요 아담한 매화꽃"이라느니 흰소리하던 남자들을 생각하면 참 한심해요. 조선 독립을 위해 신간회 창립할 때 발기인으로 참여해서 자매단체로 근우회까지 조직한 사람이 정칠성인데, 그런 사람을 앞에 두고 고작 그런 말밖에 못하냐고.

1927년 2월에 좌우합작으로 신간회 만들고 4월에 우리가 근우회를 창설했잖우? 나도 그랬지만 칠성 씨도 시작부터 끝까지 참 열심히 했어요. 근우회 발족하자마자 대구로 내려가서 지회를 결성했는데, 전국에서 집행위원 수가 가장 많았을 정도로 사람들을 모았어요. 조직 활동을 잘하니까 근우회에서 조사위원 겸 전권위원에 임명해서 대구만이 아니라 함흥으로도 파견했다오. 박원희랑 같이 거기 가서 강연회 하다가 경찰에 끌려가고 그랬는데 그래도 기어코 함흥지회를 만들었어.

이 친구가 지역 활동은 열심히 했지만 지연으로 뭉치고 이런 건 질색을 했어요. 당시에 경상도 출신들이 모여서 영남친목회를 만든다니까 지방 감정을 조장한다고 앞장서 반대했지. 더 많은 사람이 힘을 모아서 일제와 친일 자본가에 맞서 싸워야지 작은 차이를 내세워 갈라지면 안 된다고.

1929년에 그이가 중앙집행위원장 되고 나서 근우회가 일을 참 많이 했어요. 여성 노동자들 조직하고, 여학생운동 지원하고, 전국을 다니면서 여성의 독립의식을 고취하는 강연회도 숱하게 했지. 활동이 많으니까 일본 놈들이 요시찰 대상에 올려놓고 툭하면 잡아가고 엄청 괴롭혔어요. 광주학생운동 일어나고 경성에서 2차 만세 시위가 일어났을 때, 나야 여학생들을 직접 만나 관여했으니까 말할 것도 없지만 칠성 씨도 투옥되었다가 나중에 석방됐지.

탄압이 심해지고 또 기독교계 여성들이 떨어져 나가면서 근우회가 어려움에 처했을 때, 그이는 위원장직을 민족 진영의 원로 조신성 씨한테 넘기고 처음처럼 좌우가 함께 하려고 애를 썼어요. 결국은 1931년에 신간회, 근우회가 다 해소되고 우린 뿔뿔이 흩어졌지요. 나는 중국으로 망명했는데, 그이는 수예점도 하고 《조선일보》 기자도 하면서 밥벌이를 했다고 해요. 혼자 아들 키우면서 살려니 얼마나 힘들었겠어. 그래도 끝내 창씨개명도 안 하고, 지역에서 여성들 계몽하고 조직하는 일을 계속했다더라고요.

나중에 해방되고 잠시 같이 활동하다가 나는 먼저 북으로 올라갔고 칠성 씨는 전국 각지로 피해 다니면서 활동하다 1948년 여름에 월북했어요. 북에서 여성동맹 중앙위원도 하고 그랬는데, 전쟁 끝나고 박헌영의 남로당 계열이 숙청됐으니까 아들도 칠성 씨도 어려워졌지. 아들 이동수가 박헌영 보디가드라고 할 만큼 가까이서 보좌했거든. 두 사람이 결국 어떻게 됐는지는 나도 잘 몰라요. 끝이 안 좋아서 안타깝지…. 아무튼 정칠성은 내가 본 중에 젤 근사한 여성이에요.

정종명(근우회 동지, 산파 출신 사회운동가): 칠성 씨는 조선여성동우회부터 근우회까지 활동을 함께한 오랜 동지요. 같이 전국 강연도 많이 다녔어요. 연설은 내가 좀 재미있게 잘했고 글은 그 친구가 더 잘 썼지. 나는 우스개도 잘하고 감정적인데, 그이는 논리적이고 원칙론자였어요. 성격은 퍽 달랐지만 둘 다 혼자 아들 키우면서 운동하는 공통점이 있어서 서로를 잘 이해했어요.

좀 별스런 인연도 있지요. 그이가 신철 씨랑 몇 년 동거했는데 둘이 헤어진 뒤에 내가 신 씨랑 살림을 차렸거든. 사람들이 얼마나 뒷말들을 해댔는지, 쯧. 이광수를 비롯해서 당시 많은 남성 지식인들이 여성 사회주의자를 정조도 없고 성욕만 강한 인간으로 매도했는데, 자기들의 가부장권이 무너질까 봐 겁이 난 게지. 일제는 여성운동 세력을 갈라놓고 약화시키려고 이런 비난을 더 부추겼고. 우리는 그런 수작들을 잘 알고 있어서 남들이 뭐라던 끄덕 안 했어요.

정칠성

우리가 좀 서먹해진 건 오히려 근우회 해소할 때요. 낭시 나는 근우회처럼 큰 대중단체를 꾸리느라 고생하는 것보다 아래서부터 작은 조직을 만들어 극소수라도 열혈 운동가를 키우는 게 중요하다고 보고 해소론을 주장했지요. 그런데 칠성 씨는 여성의식을 키우려면 아직은 문맹 퇴치 같은 계몽운동도 필요하다, 더 대중적으로 근우회 활동을 해야 한다고 반대했어요. 논쟁을 치열하게 하면서 낯을 붉히기도 했지만 그래도 서로를 미워하진 않았어. 우리의 석은 일본제국주의와 가부장제고, 우리의 목표는 그 이중의 억압에서 신음하는 조선 여성을 해방시키는 것이었으니까. 방법론은 좀 달랐어도 칠성 씨는 나와 뜻을 함께한 평생 동지였어요.

수예강습소 학생 출신 시장 상인: 1930년인가 1931년인가, 내가 스물 좀 넘어서 정 선생님을 만났어요. 시골에서 남의 전답 부쳐 먹고 살다가 경성 올라와서 남편은 인력거 끌고 난 젖먹이 키우면서 공장 다녔는데 남편이 너무 때렸어요. 맞아 죽을 것 같은데 아는 사람도 없으니까 도망도 못가고. 그때 공장 친구 따라서 무슨 강연회인지를 갔다가 정 칠성 선생님이 연설하는 걸 들었어요. 세상에서 불쌍한 게 조선 사람이고 그중에도 제일 불쌍한 게 조선 여자다, 조선 여자는 일본 놈한테서도 해방되어야 하고 봉건적인 남자들한테서도 해방되어야 한다, 그러려면 경제적으로나 의식적으로 독립을 해야 한다고 하대요. 그 말을 들으니 눈앞이 아주 환해지더라고요.

그래 가지고 내가 선생님 따라다니면서 편물이랑 자수를 배웠잖우. 선생님이 일본서 유학하면서 배운 기술을 공짜로 일러줬지요. 그러고 선생님 하는 수예점에서 일하고, 여태까지 그걸로 먹고 살았네요. 당시에 《동아일보》 송진우 사장 부탁으로 선생님이 전국적으로 편물 강습회를 많이 했어요. 뜨개질은 실을 풀어서 다시 만들 수 있으니까 유용하다고 가르치셨지. 그러면서도 구멍 난 옷을 기워 입을 천 조각도 없어 고생하는 이들에겐 이것도 미안한 노릇이라고 민망해하셨어요. 그렇게 속이 깊고, 없는 사람 생각을 많이 했지요.

난 그 양반이 워낙 곱게 생기고 똑똑하고 그러니까 잘사는지 알았는데 아니더라고. 그 양반이 기생이라고 주위에서 말들이 많았어요. 나한테도 가까이하지 말라고 충고하는 이들이 있었지요. 근데 내가 보면 처신이 정말 깨끗하고, 혼자 아들 가르치면서 얼마나 고생하고 살았는지. 그 아들이 수예점 일도 도와주고 그랬는데 체구가 크고 듬직했어요. 엄마 닮아서 학교 다닐 때부터 독서회 하고 항일운동에 앞장서서 여러 번 경찰서에 잡혀갔어요. 선생님이 참 힘들었을 텐데 그래도 아쉬운 소리를 안 했어요.

정칠성

근우회 해체됐을 때, 그때는 한동안 맥을 놓고 계셨지. 하지만 만주사변(1931년)이 난 이후로 민족운동 하던 이들도 슬슬 꼬리를 빼고 하나둘 변절하는데, 선생님은 안 그랬어요. 경찰이 감시하러 오면 먹고살기 바쁘다고 둘러대면서도 뒤로는 여전히 여자들 모아 독립해야 한다고 가르치면서 어떻게든 조직을 했다고요. 선생님이 단발머리였는데 어느 날부터 머리를 길렀어요. 왜냐면 단발을 하니까 가정부인들이 신여성이라고 멀리하고 그랬거든요. 그러니까 거리가 생겨서 안 되겠다고 머리를 기른 거예요. 보통 배운 여자들은 우리네를 가르치려고 들었는데 그분은 안 그랬어요.

세상이 바뀌니까 기방이 쇠퇴해서 기생들이 힘들다고 찾아왔는데, 당신 인맥으로 영화니 연극 같은 데 출연하게 해준 적도 있어요. 기생 출신이란 걸 숨기고 싶어서라도 나 몰라라 할 수 있는데, 아니야. 너희는 예인이라고 자부심을 가지라고 하면서 도와줬어요. 무위도식하는 여자들은 아주 싫어했지만 독립적으로 살려는 여자들은 기생이든 노동자든 열심히 돕고 편들어주고 그랬어요.

내가 젤 슬펐던 게, 1938년에 일본 유학하던 아들 동수 학비가 없어서 선생이 다시 기생이 될까 생각했을 때예요. 남들을 그렇게 도와줬는데 정작 당신은 돈이 없어서 그런 생각까지 했으니…. 다행히 대동광업회사에서 학비를 지원해줘서 한숨 돌리고, 그러고 장진의 삼포금광배급소에서 주임으로 일하면서 생계를 해결했지요. 먹고사느라 정신없을 땐데, 나중에 알고 보니 그때도 지하에서 활동하는 운동가들이랑 연락하면서 일을 도모하고 그랬대요. 지독한 양반이지.

해방되고 선생님은 정치 일선에 나섰어요. 조선 여성들이 사회적으로 대우받고 살려면 새 나라를 건설하는 지금이 가장 중요할 때라면서 조선부녀총동맹을 만들어서 활동했죠. 나도 같이하고 그랬는데, 어느 날부터 친일파들이 다시 득세를 하고 암살하고 테러하고 너무 위험해지니까 결국 아들이랑 북으로 갔지요.

내가 본 중에 그 무렵에 선생이 젤 늙었던 것 같아요. 일제 때도 씩씩하던 분이 툭하면 한숨을 쉬시고. 그때 생각하면 지금도 마음이 아파요. 나중에 북에서 숙청당했느니 어쩌니 하는데, 난 알고 싶지가 않아요. 선생님이 어떤 사람이냐고? 글쎄, 내 생각엔 불쌍한 조선 여자를 위해 울었던 진짜 조선 여자인 것 같아요. 강하고 부드럽고 헌신적이고 부지런한, 믿음직한 성님. 나의 영원한 선생님이지요.

정칠성

전선에 서다

## 혈서

— 1872-1933

# 남
# 자
# 현

"내 가진 돈은 모두 249원 80전이다. 그중 200원은 조선이 독립하는 날 축하금으로 바치거라. 만일 네 생전에 독립을 보지 못하면 자손에게 똑같이 유언하여 독립 축하금으로 바치도록 해라. 남은 돈의 절반은 손자를 대학까지 공부시키는 데 쓰고 나머지 반은 친정의 종손을 찾아 공부시키도록 해라.
사람이 죽고 사는 것은 먹는 데 있는 것이 아니고 정신에 있다. 독립은 정신으로 이루어지느니라."

임종 직전 아들에게 남긴 유언

**남자현 초상**
윤석남, 2020년,
한지 위에 채색,
210×94cm, 작가 소장

**남자친 연필 드로잉**
윤석남, 2020년, 종이 위에 연필,
45×34cm, 작가 소장

내 이름은 남자현. 1872년 음력 12월 7일 경상도 영양에서 유학자인 아버지 남정한과 어머니 진성 이씨 사이에 1남 3녀 중 막내딸로 태어났다. 선친은 벼슬에는 뜻이 없어 고향에서 후학 양성에 전념하셨던 바, 영양 일대에 일흔 명이 넘는 제자를 둘 만큼 문명文名이 높았다.

내가 어려서 자못 총명하여 일찍이 한글을 깨치니 아버지께서 기뻐하며 한문과 소학 등을 가르쳤다. 덕분에 일곱 살에 한글과 한문을 두루 배우고 열두 살에 소학과 대학을, 열네 살에는 사서와 고풍古風을 읽어 시를 짓기까지 하였다. 아버지께서는 흐뭇해하시며 내 나이 열아홉에 당신이 가장 아끼던 제자 김영주를 사위로 맞았다.

남편은 나보다 열한 살 위로, 생각이 반듯하고 처신이 분명하여 주위의 기대를 받던 이라 나는 어린 마음에도 더없는 배필이라 여겼다. 하나 꿈같던 시절은 3년 만에 막을 내렸다. 을미년(1895년) 초가을, 대궐에 난입한 일본 놈들의 칼에 명성황후가 시해되었다는 끔찍한 소식이 전해졌다. 남편은 나라가 망하는데 가만있을 수 없다며 의병에 가담했다. 당시 내 배 속에는 아이가 자라고 있었으나 나는 그를 잡지 않았다. 나라가 있고 가족이 있는 것이니 어찌 사사로운 정으로 옳은 길을 가는 임의 앞길을 막겠는가. 그저 밤을 새워 새 옷을 지어 그의 장도에 뜻을 보탤 뿐이었다.

남편이 떠난 뒤 매일 아침 정화수를 떠놓고 그의 안위를 빌었으나 아, 어쩌랴! 1896년 여름 그는 피 묻은 옷 한 벌로 돌아왔다. 7월 11일 진보 흥구동 전투에서 일본군의 포탄에 맞아 전사하고 만 것이다. 만약 내게 유복자 성삼과 시어른이 없었다면 바로 그날 모든 걸 버리고 적과 싸우러 나섰으리라. 그러나 내게는 건사할 자식과 외아들을 잃은 시어머니가 있었다.

나는 3대 독자인 성삼을 키우고 상심한 시어머니를 봉양하기 위해 밤낮으로 누에를 치고 명주를 짜서 내다 팔았다. 사람들은 내 고생이 자심하고 시어머니를 모시는 정성이 갸륵하다며 효부상을 주었다. 하지만 나라를 잃고 남편을 잃은 내게 그 정도가 어찌 고생이라 할 수 있으랴. 나에게 참으로 고생인 것은 원수를 갚지 못하고 일제가 득세하는 것을 보는 것이었다.

1905년 을사년에 일제가 친일파와 결탁하여 강제로 협약을 맺더니 정미년(1907년)에는 군대마저 해산시켰다. 이에 또다시 의병이 일어났다. 1차 의병전쟁 때 사위와 제자 수십 명을 잃은 아버지는 그해 가을 의병을 일으켜, 수비면 계동의 친정집을 임시 의병장 영소營所로 삼았다. 나는 일흔일곱이나 되신 아버님을 도와 의병을 모으고 정보를 수집하는 일에 앞장섰다. 내 남편을 비롯하여 당신의 제자 70여명이 모두 의병으로 나섰으니 나도 그중 하나라 자임하였다. 그러나 일본군의 압도적인 무력 앞에 의병투쟁은 힘을 잃었고 친정은 일제의 탄압으로 큰 고초를 겪었다.

1910년 끝내 나라가 망했다. 살아남은 이들은 만주로 거점을 옮겨갔다. 나는 비록 시골 아낙이나 경술국치를 당해 일제를 몰아내는 일이라면 이 한 몸을 바치리라 다짐했다. 당시 나는 양잠을 잘해서, 멀리 대구까지 명주를 내다 팔아 살림을 꾸렸다. 형편은 어려웠지만 그래도 돈이 조금 생기면 일부는 부녀자들 계몽과 아이들 교육 사업에 쓰고, 일부는 의병투쟁을 지원하는 데 썼다. 그 인연으로 1913년부터 최영호, 채찬(백광운), 이하진, 남성노 등 만주에서 활동하던 독립운동가들과 연락하며 그들의 국내 공작을 은밀히 도왔다. 작으나마 도움이 됨을 다행으로 여기면서도 나는 언젠가 만주로 가서 직접 독립투쟁을 할 수 있기를 바랐다.

몇 해 뒤 시어머니 상을 마치고 아들의 혼사까지 치르고 나니 때가 되었단 생각이 들었다. 1917년 나는 아들을 만주로 보내 먼저 망명한 친척 어른들을 찾아뵙고 그곳 사정을 살피도록 했다. 집안의 명운이 달린 일이요, 나라를 구하고자 나서는 길에 한 치의 빈틈도 있어선 안 될 터, 아들이 돌아온 뒤 나는 차근차근 채비를 갖추었다.

1919년 2월 26일, 서울 남대문 통에 사는 김씨 부인으로부터 전갈이 왔다. 당시 우리 마을엔 계동교회가 있었는데, 그는 교회를 통해 알게 된 동지였다. 나는 본래 공맹의 가르침을 따라 살았으나 애국계몽 사업에 관심을 가지면서 기독교에 호감을 갖게 되었고, 거기서 뜻을 같이하는 이들을 만났다. 김씨 부인은 특히 독립정신이 투철하여 내가 믿는 이였다.

그가 보낸 편지에는 "3월 1일에 거사가 있을 것입니다. 연희전문학교 근처 교회당에서 만납시다"라고 적혀 있었다. 가슴이 두근거렸다. 드디어 때가 온 것이다. 약속한 날 교회당에 가니 독립선언문을 주었다. 나는 신도들과 함께 선언문을 나눠주며 만세 시위에 가담했다. 하지만 나는 만세를 불러서 독립을 이룰 수 있다고 믿지는 않았다. 잔악한 일본 놈들을 물리치려면 오직 강한 무력이 있어야 했다.

만세운동이 들불처럼 번져가던 3월 9일, 나는 아들, 며느리와 함께 만주로 떠났다. 제대로 된 싸움을 하기 위해 가는 길. 그때 내 나이 마흔일곱이었으니, 몸이야 고되지 않을 리 있겠는가마는 마음은 비로소 홀가분하였다. 오래 묵힌 숙제를 드디어 할 수 있게 되었음이라.

우리는 단둥에서 마차를 타고 통화현을 거쳐 류허(유하)현 삼원보에 도착했다. 그곳 서간도엔 친정과 시댁의 원향原鄕인 안동 출신 이상룡, 김동삼 등 친인척과 박철호, 남하진 등 선친의 제자들이 망명해 있어 나는 고향에 온 듯 편안함을 느꼈다. 도착하자마자 나는 바로 서로군정서 참모장 김동삼을 찾아갔다. 남편과 한 집안사람인 김동삼은 일찍이 신흥강습소를 세워 지도자를 양성하고 통화현 산속에 백서농장을 만들어 식량 생산과 군사훈련을 병행하는 등, 서로군정서의 핵심 인물로 활발히 활동하고 있었다.

나는 그의 배려로 군정서에 입단하여 다른 여성들과 함께 대원들이 입을 옷을 짓고 음식 준비를 했다. 남의 땅에서 많은 대원을 먹이고 입히는 일은, 그 자체로 작은 나라 하나를 경영하는 것과도 같았다.[23] 그만큼 고되고 큰일이었다. 부인네들은 독립운동을 한다는 자랑도 없이 묵묵히 이 힘든 일을 해내고 있었다. 감동적인 헌신이로되, 독립투쟁에서조차 남녀유별이 있는 듯해 속상하기도 했다. 아무튼 나는 군자금과 식량을 마련하는 등 독립군 지원 활동을 하면서 망명 생활에 적응해갔다.

1920년 6월 연해주와 북만주에서 활약하던 홍범도 부대가 봉오동에서 일본군을 대파했다는 소식이 전해졌다. 적은 157명이 죽고 200여 명이 부상당한 반면 아군 사상자는 다섯에 불과한 대승이었다. 허나 고대하던 승전보에 기뻐하던 것도 잠시. 복수에 나선 일제가 독립군들을 소탕하고자 대토벌 작전을 펼치니 피해가 자못 심하여 동포 사회에는 의기소침한 기운이 감돌았다. 이에 나는 일대 결단을 내렸다.

1920년 8월 29일 경술국치를 잊지 않으려 황학수, 이탁 등 독립군 지도자들이 모여 대회를 하는 날, 나는 대회장에서 칼을 들어 왼손 엄지손가락을 베었다. 내 손으로 나를 벨 때 신체의 아픔도 아픔이지만, 어버이가 주신 귀한 몸을 내 스스로 훼손하는 심정은 참으로 참담했다. 허나 조국은 또한 내 부모를 낳은 땅이며 내 자손이 살아갈 터전이니 손가락 하나를 바쳐 조국을 지킬 수 있다면 무엇을 두려워하리오. 나는 흐르는 피로 혈서를 써서 큰 소리로 읽었다.

"나라를 빼앗긴 수모를 잊지 말자!"

대회장에 모인 동포들 모두가 함께 울면서 외쳤다. 나라를 빼앗긴 수모를 잊지 말자! 이로써 모든 이가 다시 전의를 가다듬고 독립투쟁에 매진하게 되었으니 피 흘린 보람이 있고도 남음이라.


그 무렵 만주 일대에서 활동하던 독립군은 일본군의 초토화 작전을 피해 산악 지역으로 들어갔다. 홍범도의 대한독립군은 화룡현 이도구 부근으로, 김좌진이 지휘하는 북로군정서는 삼도구 청산리 쪽으로 이동하였다. 우리 서로군정서도 안도현을 지나 북간도 액목현 쪽으로 거점을 옮겼다.

나는 이때부터 북만주 일대를 다니며 교회를 설립하고 여자교육회를 조직하였다. 독립운동이 성공하려면 독립투사만이 아니라 일반 인민들의 의식이 깨어야 하고 그러려면 교육이 무엇보다 중요하다는 내 오랜 소신의 발로였다. 특히 모든 세상일이 그렇듯 독립운동도 성공하려면 안팎이 호응하고 여남이 함께해야 하기에 여성 교육에 더욱 공을 들였다.

그러던 중 큰 기쁨이 찾아왔다. 10월에 벌어진 청산리 전투에서 우리 독립군이 적의 대장을 비롯해 일본군 1200여 명을 사살하는 대승을 거둔 것이다. 닷새나 계속된 이 전투 때 나는 후방에서 부상병을 간호하며 힘을 보탰는데, 나중에 이긴 것을 알고 눈물을 흘렸다. 승리의 기쁨도 기쁨이지만 먼 이국땅에서 죽은 동지 100여 명을 생각하니 절로 눈물이 났다. 여담이지만 이후 내게는 '독립군의 어머니'라는 별칭이 생겼다. 많은 부상병이 고통 속에서 나를 어머니인 줄 알고 의지하며 힘을 냈다 하여 동지들이 붙여준 자랑스러운 별명이었다.

그러나 승전의 기쁨은 오래지 않아 새로운 시련으로 이어졌다. 당시 중국에는 수천 명이 넘는 독립운동가가 수십 개의 단체를 만들어 활동하고 있었다. 사람과 단체가 많은 것이 무슨 문제랴마는, 이들이 지연과 학연, 계급과 이념으로 갈려 대립하면서 급기야 1922년에는 독립군끼리 충돌하여 유혈 사태까지 일어났으니, 아! 그때의 절망감을 어이다 말로 하랴.

나는 7일간 곡기를 끊고 단식기도를 하며 내가 무엇을

해야 하는지 하늘에 물었다. 답은 하나였다. 나는 다시금 손가락을 베어 그 피로 글을 써 각 단체 책임자들에게 보냈다. 다행히 그들은 내 붉은 충심을 받아들여 다툼을 멈추고 단결을 도모하였으니, 만주의 모든 한인들이 크게 기뻐하며 나무로 공덕비를 세워 내 공을 치하하였다.

하지만 내가 바라는 것은 치하가 아니요 투쟁이라, 일제를 타격하는 일이라면 나는 물불을 가리지 않았다. 1926년 4월[24] 나는 지린(길림)에서 박청산, 김문거, 이청수와 조선총독 사이토 마코토를 처단하기로 계획하고 국내로 잠입했다. 쉰이 훨씬 넘은 내가 암살단에 들어가겠다니 다들 난색을 표했으나, 국내 잠입에는 오히려 나 같은 여자가 유리하다고 역설하니 말인즉 그렇다 하여 동참할 수 있게 된 것이다.

한데 거사 직전 송학선이란 청년이 우리보다 먼저 사이토 암살을 시도했다. 4월 28일 순종 장례에 조문하고 나오는 일본인 세 명을 사이토 일행인 줄 알고 죽인 것이다. 이 사건으로 송학선은 붙잡혀 이듬해 처형되었고, 우리는 경찰의 대대적인 수색 작전에 쫓겨 거사를 포기한 채 돌아오고 말았다.

비록 총독 암살은 실패했으나 나는 그 후에도 투쟁을 포기하지 않았다. 그 바람에 이름이 알려지며 체포 위험도 커져갔다. 당시 나는 독립운동연합체인 정의부에서 활동하고 있었는데, 하루는 이청천 장군을 만나고 오는 길에 일제 경찰로 일하는 홍 순사란 자에게 붙잡히고 말았다. 그는 나를 제집 골방으로 데려가 심문했다. 나는 그에게 엄히 말하였다.

"내가 여자의 몸으로 수천 리 타국에 와서 애씀은 그대와 나의 조국을 위함이거늘, 그대는 조상의 피를 받고 조국 강토에서 자라나 어찌 이 같은 반역의 죄를 범하는가?"

홍 순사는 얼굴이 벌개져서 당장 경찰서에 집어넣겠다고 을러댔다.

"나 하나 잡아 가둔다고 우리 민족이 사라질 것 같은가! 나를 체포하는 것은 조선인인 그대 자신을 체포하는 것이나 마찬가지임을 명심하시게."

한동안 침묵을 지키던 홍 순사가 이윽고 입을 열었다.

"한마디 한마디 하시는 말씀이 모두 제 폐부를 찌릅니다. 비록 일본의 앞잡이 노릇을 하고 있으나 제 속에 조국의 피가 흐르고 있음을 오늘에야 알았습니다. 죄송합니다. 잘못했습니다."

그는 나를 풀어주고 무사히 빠져나갈 수 있는 길까지 일러주었다. 또한 돈 70원을 여비라며 내주었다. 나는 순사의 마음이 바뀌기 전에 서둘러 자리를 떴다. 그날은 운이 좋았으나 하마터면 큰일이 날 뻔한지라, 이후로는 짧은 길을 갈 때도 두 번 세 번 조심하며 만일에 대비했다.

독립운동이 계속 힘차게 이루어지려면 혁명가와 가족

들을 후원하는 일이 필수적이었다. 만주의 운동가들은 이를 위해 1927년 조선혁명자후원회를 결성했는데, 나는 중앙위원의 한 사람으로 이름을 올렸다. 이후 나는 검거된 동지들을 구출하는 일에 발 벗고 나섰다. 1927년 일어난 길림 사건이 대표적이다.

그해 2월 말 길림에서 일제의 농간으로 안창호 등 독립운동가 수백 명이 중국 관헌에게 체포되어 이 중 47명이 감옥에 갇히는 일이 일어났다. 나는 옥바라지를 하면서 임시정부와 함께 대대적인 여론전을 펼쳤고, 결국 만주 지역 책임자인 장쮀린(장작림)은 여론의 부담을 느껴 전원 석방을 결정하였다. 조금만 늦었어도 안창호, 김동삼, 오동진 등 주요 인사들이 전부 일제의 손에 넘어가 큰 타격을 받았을 터이니 참으로 불행 중 다행이 아닐 수 없었다.

그러나 일이 늘 잘 풀린 것은 아니다. 1931년 10월 오랜 동지이자 독립운동 최고지도자인 김동삼이 체포되었을 때도 탈출 작전을 시도한 바 있다. 나는 친척으로 가장하여 면회했는데, 모일에 신의주로 이송된다 하기에 그에 맞춰 구출 계획을 세웠다. 그러나 나와 동지들이 약속한 날 무기를 들고 갔을 때는 일제가 갑자기 날짜를 바꿔 이미 이송한 뒤였다. 나는 망연자실하여 그 자리에 주저앉고 말았다. 결국 김동삼은 서울로 끌려가 10년형을 받고 감옥에 갇혔으니 그 안타까움을 어찌 다 말하랴(김동삼은 1937년 감옥에서

순국했다).

당시는 참으로 괴로운 시기였다. 김동삼이 끌려가고 얼마 뒤 일제의 괴뢰국인 만주국이 들어서더니, 1932년 5월엔 만주 독립운동의 상징인 이상룡 선생이 돌아가셨다. 내가 먼 중국 땅에서 뿌리를 내리고 항일전선의 한 귀퉁이를 차지할 수 있었던 것은 선생이 먼저 길을 닦은 덕분이었기에 슬픔을 가눌 수 없었다. 그러나 울고만 있기엔 정세가 너무 엄혹했다. 일제의 기세는 꺾일 줄을 몰랐고 무력투쟁만으론 한계가 있었다. 이에 국제 여론에 호소하는 외교적인 방략을 시도하였으매, 내가 세 번째 단지를 결행한 것은 그 때문이었다.

때는 1932년 9월 중순. 1931년 일제가 만주사변을 일으켜 만주를 점령하자 국제연맹은 중국의 제소를 받아들여 영국인 리턴을 단장으로 한 조사단을 파견했다. 나는 조사단이 하얼빈에 온다는 소식을 듣고 그곳으로 달려갔다. 전 세계에 일본 지배의 부당성과 우리의 독립 의지를 알릴 절호의 기회였다. 고심 끝에 나는 혈서로 내 뜻을 전하기로 마음먹었다.

나는 일제의 감시를 피해 하얼빈 마가구의 한 음식점에서 왼손 무명지 두 마디를 잘랐다. 피가 솟구쳤다. 나는 피 흐르는 무명지를 붓 삼아 흰 종이 위에 겨레붙이의 소원을 적었다. '조선독립원朝鮮獨立願' 조선은 독립을 원한다. 이 이상 무슨 말이 더 필요하겠는가.

나는 흰 천에 혈서와 자른 손가락을 쌌다. 이제 남은 일은 마디얼 호텔에 묵고 있는 국제연맹 조사단에 이것을 전달하는 것이었다. 하지만 조사단이 머무는 동안 이미 김곡이란 조선인을 비롯해 중국인 다섯 명과 러시아인 두 명이 청원서를 넘기려다 일경에게 잡혀 총살당했을 만큼 일은 쉽지 않았다. 결국 나는 인력거꾼에게 1원을 주고 혈서를 전달토록 하였으니, 일이 성사되었는지는 하늘만이 아시리라. 다만 10월 2일 발표된 리턴 보고서에서 일본이 만주를 침략했다고 하면서도 만주에 대한 권리를 인정한 걸 보면, 피로 쓴 내 뜻이 수포로 돌아간 것은 분명하였다. 이 일로 나는 외교적 청원으로 독립을 이룰 수는 없음을 확실히 깨달았다.

이듬해 봄, 내 생애 마지막 거사를 계획하였다. 3월 1일 신경에서 만주국 건국기념행사가 열릴 때, 관동군사령관이자 전권대사인 무토 노부요시를 암살하기로 한 것이다. 1월 20일 하얼빈에서 나와 동지들은 몇몇 중국인과 만나 무기 조달 방법을 의논하였다. 그리하여 2월 27일 오후에 중국 동지들이 과일상자에 권총 한 자루와 탄환, 폭탄 두 개를 준비해 신호를 보내면 내가 거지로 변장하여 옮기기로 하였다. 2월 22일 모든 준비를 끝낸 뒤, 나는 홀로 사진관에 가서 기념사진을 찍었다. 이제 무토와 함께 죽는 일만 남았으니 이승에서의 마지막 모습을 남긴 것이다.

약속한 2월 27일, 나는 거지로 변장하고 무기 상자를 건네받아 역으로 향했다. 모든 일이 계획대로 이루어지던 그때, 갑자기 나타난 일제 경찰들이 나를 덮쳤다. 아! 하늘이 무너진다 함은 이를 두고 한 말이로다. 그들은 내 몸을 뒤져 내가 간직해온 남편의 피 묻은 옷과 권총, 폭탄 등을 빼앗고 영사관 감옥으로 끌고 갔다. 알고 보니 이미 계획이 새어나가 손보현 동지가 펑톈에서 붙잡힌 뒤였다. 그 사실을 모르고 무기를 받으러 갔으니 적의 함정에 고스란히 걸린 것이다. 얼마 안 돼 일을 함께 도모한 이영선, 문익빈 동지도 체포되어 왔다. 나는 잠깐의 틈을 타 동지들에게 말했다.

"큰 뜻을 이루지 못하고 셋 다 잡힌 것은 참으로 유감이나, 나는 이미 목숨을 나라에 바쳤거니와 두 동지마저 여기서 생명을 잃는 것은 의미 없는 일이오. 이 일의 책임은 나 혼자 질 것이니 두 사람은 그리 알고 나가서 끝까지 싸워 꼭 성공하기 바라오."

두 사람은 차마 대답을 못 한 채 눈시울을 붉혔다. 일경은 우리 셋을 공범으로 엮어 추궁했다. 하지만 내가 모든 것은 나 혼자 한 일이라 우기자 결국 증거를 잡지 못하고 둘은 석방했다.

놈들은 약이 올라 나를 심하게 고문하였다. 당시 하얼빈 일본 총영사관 지하에는 100여 명이나 수감할 수 있는 감옥과 열 평쯤 되는 고문실이 있었다. 피비린내와 비명이 진동하는 그곳에서 나는 봄부터 한여름까지 반년을 하루같이 고문당했으니, 이승과 저승이 둘이 아니요 감옥이 바로 지옥이었다.

나는 마침내 죽기로 결심하고 8월 6일부터 단식에 들어갔다. 고문으로 망신창이가 된 몸에 곡기까지 끊지 몸은 급속도로 나빠졌다. 일주일이 넘고 열흘이 되어갈 무렵 나는 의식을 잃었다. 얼마 뒤 정신이 들어 보니 병원이었다. 행여내가 감옥 안에서 죽어 저희의 만행이 세상에 알려질까 두려워한 일본 놈들이 보석으로 풀어준 것이었다.

그러나 나는 살아난 것이 조금도 반갑지 않았다. 이 풍진 세상에서 환갑을 넘겨 살았으니 천수를 누린 셈이요, 더 이상 일제와 싸울 수도 없는 늙고 병든 몸으로 몇 해를 더 산다 한들 무슨 의미가 있으랴. 나는 치료도 음식도 모두 거부했다. 그 무렵 신의주에 갔던 아들이 손자와 함께 달려왔다. 비로소 마음이 놓였다.

"이제는 됐다."

눈물이 귀밑머리를 적셨다. 중년의 아들과 어린 손자가 울음을 참느라 애쓰는 모습이 가엾기만 했다. 아버지 얼굴도 모른 채 유복자로 태어나 어미와 함께 만주 벌판을 헤매며 갖은 고생을 한 아들이었다. 그 아들, 손자에게는 독립한 나라를 물려주려 했건만⋯.

나는 그길로 병원을 나와 조 씨가 운영하는 여관으로 거처를 옮겼다. 함께 운동하던 동지들이 내 마지막 길을 배웅하려 모여들었다. 마치 어머니를 여의는 듯 슬퍼하는 그들을 보니 내가 아주 잘못 산 건 아니로구나 싶었다. 사람들이 다 돌아간 뒤 나는 아들을 가까이 불렀다.

"거기 내 행낭을 열어보아라."

행낭 속에는 내가 모아둔 돈주머니가 있었다. 깜짝 놀라는 아들에게 나는 말했다.

"모두 249원 80전이다. 그중 200원은 조선이 독립하는 날 축하금으로 바치거라. 만일 네 생전에 독립을 보지 못하면 자손에게 똑같이 유언하여 독립 축하금으로 바치도록 하라. 그리고 남은 돈 49원 80전의 절반은 손자 시련이를 대학까지 공부시키는 데 쓰고, 나머지 반은 친정의 종손을 찾아 공부시키도록 해라."

입이 마르고 숨이 막혔다. 나는 마른입을 축이고 마지막으로 당부했다.

"사람이 죽고 사는 것은 먹는 데 있는 것이 아니고 정신에 있다. 독립은 정신으로 이루어지느니라."

아들의 울음소리가 높아졌다.

"자는데 깨우지 마라."

문득 눈앞이 환해지더니 오래전 작별했던 그이가 부신 얼굴로 다가왔다. "참으로 장하오." 그이가 웃으며 내 손을 잡았다. 뭉툭하게 잘려나간 왼손을 그러쥐는 그이의 눈가에 이슬이 맺혔다. 나는 민망하여 중얼거렸다.

"이것을 찾아야 하는데…"

"괜찮소."

다스한 손이 상처 입은 손을 가만가만 어루만졌다. 나도 모르게 미소가 떠올랐다. 얼마나 그리던 평화인가. 나는 깊은 평화에 몸을 뉘었다. 긴 매미 울음소리가 강물처럼 흐르는 여름 한낮이었다.


## 남은 이야기

아들과 손자의 증언에 따르면 유언을 남긴 남자현은 잠이 드는 듯하더니 문득, "이미 죽기를 각오한 바이니까" 했다. 그러고선 잘린 손을 이불 밖으로 내놓으며 "이것을 찾아야 하는데…" 하고 혼잣말을 하다 그대로 혼수상태에 빠졌다. 생사의 경계에서 단지한 손가락을 찾는 어머니 모습에 아들 성삼은 목이 메었다. 언제나 강하고 담대한 모습만 보이셨으나 그 속에 이토록 깊은 회한이 자리하고 있음을 비로소 깨달은 까닭이다.

1933년 8월 22일, 남자현은 영면에 들었다. 다음 날 오후 여관에서 서른 명이 넘는 동지들이 모여 영결식을 치르고, 저물녘 유해를 하얼빈 외국인 묘지에 모셨다. 그해 시월 그의 묘 앞에 비석을 세웠다. 조선인들은 물론 중국인들까지 그를 존경하는 이들이 힘을 모아 세운 것이다. 국내에서는 8월 27일 민족지 《조선중앙일보》가 〈무토 모살범 남자현의 근황〉이라는 기사를 통해 그의 투쟁과 사망 소식을 전했다.

이후 김성삼은 어머니의 유언을 받들어 손자 시련을 대학까지 가르치고, 독립운동을 하다 행방불명된 외삼촌 남극창의 아들 남재각을 찾아 교육시켰다. 또한 해방된 1946년 3월 1일에는 서울운동장에서 열린 기념식 때 독립 축하금을 전달하였다. 1962년 정부는 남자현에게 건국훈장 대통령장을 추서했다. 안타까운 것은, 1958년 하얼빈 도시 공사로 외국인 묘지가 황산 공원묘지로 옮겨가면서 그의 묘가 사라지고 만 것이다. 현재 현충원 애국지사 묘역에 있는 것은 가묘이다.

# 제국을 향해 폭탄을 던지다

— 1888-?

# 안
# 경
# 신

"독립투쟁가가 많이 있고 여성 투쟁가도 수없이 있다. 그러나 안경신같이 시종일관 무력적 투쟁에 앞장서서 강렬한 폭음과 함께 살고 죽겠다는 야멸찬 친구는 처음 보았다. 너무 강폭한 투쟁으로 오히려 해를 입는다면 항일투쟁에 가담, 활동하지 아니함만 못한 게 아니냐고 물으면 그녀는 잔잔한 미소만 띠고 긍정하지 않았다."

대한애국부인회에서 함께 활동한 동지 최매지의 회고

**안경신 초상**
윤석남, 2020년,
한지 위에 채색,
210×94cm, 작가 소장

**안경신 연필 드로잉**
윤석남, 2023년, 종이 위에 연필,
47×35cm, 작가 소장

경신이 조선을 발칵 뒤집은 대사건의 주인공으로 밝혀졌을 때 고향 사람들은 설마 했다. 신문에 '안경신. 34세. 평안남도 대동군 금제면'이라고 떡하니 적힌 걸 보고서야 경신이가 맞구나 했지만, 끝내 못 믿겠다는 이들도 있었다. "그 쪼그만 여자가 폭탄범이라고? 게다가 혼인도 안 하고 자식을 낳았다고?" "에이, 말이 되냐?" 그러나 어려서부터 그를 보아온 몇은 경신이라면 그럴 수도 있다고 생각했다. 몸집은 작아도 원체 대담한 데가 있었다고.

안경신은 1888년 평안남도 대동에서 4형제 중 막내로 태어났다. 그가 태어난 해는 '무자년 대흉大凶'이라는 말이 나올 정도로 흉년이 심했다. 그 통에 산모의 영양이 부실했던지 그는 날 때부터 작았다. 자라서도 키는 통 크지 않았다.

평안도는 기독교가 성해서 일찍 개화가 된 편이었다. 그도 집안 식구들을 따라 어릴 적부터 감리교회에 다녔고 가난한 살림이지만 소학교 문턱도 밟아볼 수 있었다. 경신은 당차고 똑똑한 아이였다. 하지만 그런 그도 제 앞날은 제 뜻대로 할 수 없었다.

당시 평양에는 감리교 선교회에서 세운 사립 중등학교인 정의여학교(1918년 일제의 조선교육령에 의해 평양 정의여자고등보통학교로 바뀌었다)가 있었다. 교회에서 이 학교 얘기를 들은 경신은 평양으로 가서 공부를 계속하고 싶었다. 하지만 집안 형편을 뻔히 알면서 학교에 가겠다고 고집을 피울 수는 없었다. 열대여섯 살만 돼도 혼삿말이 오가던 시절이었다. 그 역시 꿈은 가슴에 묻은 채 집안이 정해준 사람을 따라 집을 떠났다.

그러나 한 남자의 아내로 사는 삶은 그의 몫이 아니었다. 오래지 않아 경신은 다시 고향으로 돌아왔다. 스물도 되지 않아 홀몸이 된 그를 두고 이웃들이 수군댔지만 그는 묵묵히 집안일을 거들 뿐이었다. 작은 몸을 옹송그린 채 몸이 부서져라 일만 하는 막내가 어머니는 안쓰럽기만 했다. 그래서 일요일이면 어머니가 먼저 경신을 재촉해 교회로 보냈다. 교회에서 딸은 씩씩한 예전의 안경신으로 돌아갔다. 환한 얼굴로 스스럼없이 웃고 노래하며 즐거워했고 누구보다 열심히 성경을 읽고 공부했다.

이런 경신을 눈여겨본 교회 목사가 지금이라도 가르치면 제 앞가림을 할 수 있을 거라며 가족들을 설득했다. 때마침 둘째 오빠 세균이 평양에 자리를 잡았다. 이것이 계기가 되어 경신은 평양여자고등보통학교에 들어갔다.[25] 3년제인 그곳을 졸업하면 교사가 되거나 편물 기술 등을 익혀 자립할 수 있었다.

어릴 적이라면 마냥 기뻐만 했겠지만 나이 스물이 넘은 성인이었다. 그는 이것이 얼마나 고맙고 소중한 기회며 무거운 책임이 따르는 일인지 잘 알았다. 하여 그는 학교 공부는 물론이요 새로운 것을 배울 기회만 생기면 열 일 제치고 달려갔고, 틈만 나면 오빠네 살림에 손을 보탰다. 조금이라도 식구들의 부담을 덜고 조금이라도 더 배우고 싶어 종종 걸음을 쳤다.

어려운 형편 때문에 학업은 2년을 넘기지 못했다. 없는 살림에 그 정도 배운 것도 감사한 일. 경신은 졸업을 포기하고 고향으로 돌아갔다. 아쉽지 않다면 거짓말이리라. 하지만 돌아가는 발걸음이 무겁기만 한 건 아니었다. 새로운 각오와 설렘도 있었다. 대도시 평양에서 지낸 2년 사이 경신의 시야는 넓고 크게 열렸다.

이 무렵 평양은 일본제국주의의 직접적인 지배 아래 급변하고 있었다. 평양은 고구려의 옛 도읍지인 유서 깊은 역사 도시이자 조선의 3대 시장 중 하나로 꼽히는 상업 중심지로, 중국과의 무역이 활발하고 외국 문물에도 개방적인 곳이었다. 그런데 1899년 일본은 조선 정부의 반대에도 불구하고 맘대로 평양 시장을 개방한 뒤, 철도와 전차를 부설해 일본인을 대거 이주시키고 이들을 위한 상업 유흥도시로 바꿔갔다. 평양은 풍부한 석탄 생산지이기도 했는데, 일제는 이곳에 광업소를 설립해 일본 군함의 연료 생산기지로 만들었다. 여기서 생산된 석탄의 90퍼센트 이상이 일본 군함의 연료로 쓰였다.

전통적으로 반골 기질이 있는 평양 사람들은 이처럼 탐욕스럽게 지역을 점령하고 수탈하는 일본에 대해 강한 반감을 가졌다. 일찍이 기독교를 받아들이면서 선교사들이 세운 미션스쿨 등을 통해 문명개화와 민족교육에 대한 의식이 높은 것도 저항을 부추겼다. 일제의 탄압이 심해지자 안창호, 장지연, 신채호, 이승훈 등 지식인과 민족기업가 들이 힘을 합쳐 신민회라는 비밀결사조직을 만들었는데, 그 중심에는 평양의 기독교 지식인이 있었다. 1908년 안창호의 주도로 설립한 대성학교도 민족 지도자를 키우려는 신민회의 계획 중 하나였다.

경신은 평양에 있는 동안 이런 시대적 변화와 민족적 갈등을 직접 보고 겪었다. 그는 비로소 자신의 가족과 이웃들이 죽도록 일해도 가난을 면치 못하는 이유를 알았다. 조선인들이 힘을 합쳐 세운 대성학교가 일본 국기 게양을 거부하는 등 민족교육을 실시하는 바람에 1912년 1회 졸업생만을 배출하고 폐교되는 것을 보며, 식민지 백성의 무력감과 비참함을 깨달았다. 이전까지 그의 눈이 자신의 비극만을 보고 자신의 설움에 울었다면, 이제 그 눈은 더 넓고 깊은 세상을 보게 되었고 그의 가슴은 민족의 설움에 울게 되었다. 그가 절망이 아닌 희망을 품고 고향으로 돌아올 수 있었던 것은 이 때문이었다.


"다녀왔습니다"

집으로 들어서는 딸의 모습에 어머니는 내심 놀랐다. 원하던 졸업장을 얻지 못했는데도 경신에게선 실망한 빛을 찾아볼 수 없었다. 오히려 가족들의 수고에 진심으로 고마워했다. 작은 몸집은 여전했지만 어머니는 막내딸이 훌쩍 성장한 것 같았다. 다른 사람들도 비슷한 인상을 받았다.

경신이 하는 일은 전과 똑같았다. 논밭의 김을 매고 가축을 먹이고 빨래를 하고 다듬이질을 하고 끼니를 챙기는, 촌 여자들이 하는 온갖 허드렛일을 했다. 하지만 코뚜레에 꿴 소처럼 묵묵히 일만 하던 전과 달리 이제 그에게선 환한 생기가 느껴졌다. 남들의 입방아를 피해 달아나던 그가 이제는 먼저 남들에게 말을 붙이기도 했고, 제가 보고 들은 세상사를 전하며 어려움 속에서 함께 나아갈 길을 찾았다. 그리고 혼자 있는 시간이면, 내가 무엇을 해야 할까, 스스로에게 물었다. 자신이 가야 할 길을 찾기 위해 그는 밤낮으로 쉬지 않았다.

1918년 겨울 마침내 제1차 세계대전이 끝났다. 새로 평화적인 국제 질서가 세워지리란 기대가 커졌다. 여운형 등 중국에서 활동 중이던 독립운동가들은 파리강화회의가 열린다는 소식을 듣고 바로 신한청년당을 결성하여 김규식을 대표로 파견했다. 동시에 조선의 독립 의지를 세계에 알리기 위해 거국적인 시위를 계획하고 당원들을 국내외로 보냈다. 장덕수, 이광수가 일본에서 먼저 2·8독립선언을 발표했고 김순애, 김철, 서병호 등은 서울·대구·광주 등지에서,

선우혁은 평양에서 이승훈, 안세환 등을 만나 봉기를 촉구했다. 평양에서는 숭실·숭의·숭덕 등 여러 학교와 교회가 중심이 되어 만세운동을 벌이기로 결정했다.

1919년 3월 1일 마침내 조선 민중이 일어섰다. 경신은 선배 안정석 등과 함께 미리 태극기를 만들어 배부한 뒤, 거사 당일 평양 서문동에 있는 남산현교회로 가서 시위에 참여했다. 당시 남산현교회의 담임목사 신홍식은 민족대표 33인으로 서울에서 독립선언에 참여했고, 평양에서는 부목사 박석훈의 주도로 800여 명의 교인들이 독립 만세를 불렀다. 비슷한 시각, 평안도 각지에서 만세의 함성이 울려 퍼졌다.

갑작스러운 대규모 시위에 놀란 일제 경찰은 무차별 진압에 나섰다. 경신도 남산현교회에서 사람들과 함께 체포되었다. 같은 날 선천과 안주에서는 3·1운동 최초의 사망자가 발생했고, 3월 4일에는 경신이 살던 평양 대동군 금제면에서 3000여 명의 군중이 모여 강서군 반석면 방면으로 행진을 벌이다 헌병들의 무차별 총격으로 수십 명이 죽고 다쳤다.

일제의 무자비한 폭력은 시위 현장만이 아니라 경찰서와 감옥에서도 계속되었다. 경신도 심한 매질과 성희롱을 겪어야 했다. 다행히 그는 29일 만에 풀려났지만, 같이 잡혀온 박석훈은 시위 주동자로 찍혀 심한 고문을 당했고 결국 그해 11월 감옥에서 숨을 거두고 말았다.

3·1운동은 서른한 살의 경신을 전투적인 독립투사로 바꿔놓았다. 맨몸으로 만세를 부르는 사람들에게 총칼을 휘두르고, 시위하는 학생을 말 꼬리에 매달아 끌고 다니고, 끔찍한 고문으로 사람들의 영혼까지 파괴하는 일제 경찰의 만행에 경신은 분노했다. '일본 놈들을 몰아내려면 어찌해야 하나?' 그는 밤낮으로 시위를 넘어선 강력한 투쟁 방법을 고민했다.

그 무렵 남산현교회에서 알게 된 전도부인이 집으로 찾아왔다. 부인은 가족들의 눈을 피해 은밀히 말했다. 감리교 여성들이 본격적인 항일운동을 위해 애국부인회를 만들고 있는데 함께하겠냐는 것이었다. 계몽운동 같은 것을 하는 단체라면 경신은 관심이 없었다. 부인이 낮은 목소리로 말했다.

"망명정부를 지원하는 비밀결사라네. 위험한 일이니 안 해도…"

"합니다! 하고 말고요."

말이 끝나기도 전에 경신은 하겠다고 나섰다.

며칠 뒤 경신은 부인을 통해 임시정부에서 파견된 연락원 박세환을 만났다. 이웃 강서군 출신인 박세환은 3·1운동 과정에서부터 두드러진 활약을 보인 경신을 주목하고 있던 터였다. 그의 주선으로 경신은 그날부터 강서군을 중심으로 은밀히 조직원을 포섭하기 시작했다. 여성들의 적극적인 참여로 머잖아 감리교 부인회가 결성되었다. 비슷한 시기에 장로교 여성들도 비밀리에 부인회를 조직했다. 교파는 달랐지만 둘 다 임시정부에 군자금을 지원하고 여성들을 상대로 항일의식을 고취한다는 같은 목적을 가진 단체였다. 그러다 보니 자연스레 하나로 힘을 합하자는 목소리가 나오기 시작했다. 경신도 같은 생각이었다. 8월 중순 평양 모임에서, 그는 장로교 부인회와의 대동단결을 호소하는 열렬한 연설로 사람들의 마음을 움직였다. 결국 두 달여의 논의 끝에 두 단체는 통합을 결정했다.

11월 8일 평양에서 감리교, 장로교 여성 100여 명이 모여 여성과 남성의 평등한 독립운동, 임시정부 지원 등을 표방한 비밀결사 대한애국부인회를 결성했다. 서울에 본부를 둔 대한민국애국부인회에 이어 또 하나의 강력한 여성 독립운동 단체가 탄생한 것이다. 조직의 총재는 임시정부에서 활동하던 손정도 목사의 모친 오신도가 맡고, 안정석이 회장, 교사이며 장로교인인 한영신이 부회장으로 나섰다. 경신은 강서지회의 재정 담당이자, 전체 회원들이 모은 군자금을 임시정부에 전달하는 교통부원을 맡았다.

그는 강서군에서 직접 군자금을 모금하는 한편, 그렇게 각지에서 모은 돈을 임정에서 파견된 비밀요원에게 몰래 넘겨주는 역할까지 해냈다. 여간 위험한 일이 아니었으나 경신은 몸을 사리지 않았다. 김보원, 최매지 등 가까운 동지들이 제 몸도 돌봐가며 하라고 걱정하자 그는 고개를 저었다.

"나도 3·1운동에 참여했지만, 그때는 우리 국민의 힘이 모자라서 우리가 원하는 결과를 내지 못했소. 그 후로 나는 일제 침략자를 놀라게 해서 섬나라로 돌려보낼 방법이 무엇인가, 곰곰이 생각했다오. 방법은 단 하나, 폭탄을 던지고 총칼로 놈들을 죽이는 무력적인 응징을 하는 거요. 그래야만 큰 효과를 거둘 수 있으니 그 일에 도움이 된다면 이 정도는 아무것도 아니오."

김보원이 "과연 그럴까요?" 하고 미심쩍어하자 그가 잘라 말했다.

"독립 청원이나 협상으로는 결코 오늘의 사태를 해결할 수 없소. 협의로 안 되는 상황에서 우리가 할 수 있는 가장 바람직한 방법이 무엇이겠소? 무력으로 응징하는 것 외에 또 무슨 방법이 있느냐 말이오."

단호한 대답에 김보원은 낯을 붉혔다. 화가 난다기보다 부끄러운 마음이 더 컸다. 일부 사람들처럼 보원도 처음에는 경신의 작고 못생긴 외모만 접하고 얕잡아 보았다. 그러나 시간이 갈수록 그게 얼마나 한심하고 못난 생각인지 깨닫게 되었다. 그의 작은 몸에 깃든 커다란 내면, 이 내면세계를 관통하는 알차고 강인한 투쟁 정신을 알기 때문이었다.

김보원만이 아니었다. 투쟁 방법을 두고 경신과 생각을 달리 하는 이들도 그의 독립 의지에 대해서는 토를 달지 않았다. 애국부인회 회원들 중에서도 안경신은 열혈 투사로 정평이 났다. 그가 직접 군자금을 모으러 나섰다는 소식이 전해지면 자산가들은 공포에 질려 전전긍긍할 정도였다. 덕분에 대한애국부인회는 불과 몇 달 만에 2400원이 넘는 큰돈을 임정에 군자금으로 보낼 수 있었다. 1919년 11월 말 서울의 대한민국애국부인회가 내부의 배신으로 와해된 상태였기에 이들의 활동은 독립운동 진영에 더욱 큰 힘이 되었다.

그러나 적극적인 활동은 경찰의 눈길을 끌고 말았다. 당시 안경신은 임정 요원 박세환의 권유로 선배 송성겸과 증산 지방에서 지회를 조직하고 군자금을 모집하고 있었는데, 경찰은 비밀리에 이를 탐지하고 현장을 급습했다. 간발의 차로 안경신은 몸을 피했으나 더 이상 국내 활동은 불가능했다. 그는 이번 기회에 임정에 합류하여 본격적인 투쟁을 하기로 마음먹었다. 그가 떠난 뒤 송성겸은 붙잡혔고, 1920년 10월 대한애국부인회 임원과 회원들은 일제에 의해 대거 체포되었다.


1920년 봄[26] 경신은 마침내 망명길에 올랐다. 서른둘, 결코 적지 않은 나이였다. 그러나 국경을 넘는 그의 가슴은 봄날처럼 설렜다. 오랫동안 바라던 일을 하기 위해 떠나는 길이었다. 먼 길을 달려 상하이에 도착했을 때, 임시정부는 평양에서 온 이 열혈 투사를 따듯이 맞았다. 하지만 그가 무장조직에서 활동하겠다고 나서자 난색을 표했다. 나이 든 여자가 어떻게 총을 들고 싸우냐며 노골적으로 비웃는 사람도 있었다. 그러나 경신은 고집을 꺾지 않았다. 정 안 되면 혼자서라도 만주에 가서 독립군에 들어가겠노라고 했다.

1910년대에 이미 100만 명 가까운 조선인이 이주해 살던 만주에서는 3·1운동 이후 많은 독립운동 단체들이 무장투쟁을 벌이고 있었다. 경신이 망명한 그즈음엔 남만주 지역의 관전현에서 대한광복군 총영이 임시정부의 직속 군사 기관으로 공식 출범했다. 안병찬, 오동진 등 광복군 총영의 주요 인물들은 모두 경신과 같은 평안도 출신으로, 특히 총영장 오동진은 활동 과정에서 이미 알던 사이였다. 경신은 이 인연을 십분 활용해 기어코 광복군 총영에 가담하였다.

1920년 7월 초, 임시정부는 미국 상하의원 100여 명이 아시아 시찰 중 중국에서 일본으로 가는 길에 한반도를 방문한다는 소식을 접했다. 임시정부는 이 기회에 일제의 포악성을 폭로하고 독립의 필요성을 호소하기로 했다. 이를 위해 한편으로는 중국에서 의원단을 환영하고 진정서를 전달하는 등 외교 공세를 펴고, 다른 한편으로는 독립 의지를 대내외에 보여줄 무력시위를 계획했다. 당시 임정 내무총장이었던 안창호는 광복군 총영에 국내 주요 지점에서 무력투쟁을 전개하라는 임무를 맡겼다.

광복군 총영은 서울, 평양, 신의주 세 도시에서 폭탄 거사를 실행하기로 하고 대원 13명을 선발했다. 이들을 세 개의 결사대로 나눠 제1대는 서울, 제2대는 평양, 제3대는 선천과 신의주에서 작전을 수행할 계획이었다. 경신은 제2대에 자원했다. 여자에게 이런 중차대한 임무를 맡겨선 안 된다는 의견도 있었지만 오동진은 그를 결사대로 뽑았다. 보안이 생명인 비밀 작전에서 경신만큼 믿을 수 있는 사람은 드물었다. 그는 여성이 있으면 오히려 일경의 감시를 늦출 수 있다며 반대를 물리쳤다.

7월 말 경신과 장덕진, 박태열, 문일민, 우덕선으로 구성된 제2대는 경찰의 삼엄한 감시를 피해 걸어서 국내로 잠입했다. 폭탄 몇 개와 권총 세 정이 이들이 가진 무기의 전부였다. 물적 자원은 부족했지만 국내 군사 활동을 위해 조직된 의용단 평양지단이 있어 도움이 되었다.

의주에서 삭주를 지나 평안남도 안주에 도착했을 때였다. 지나던 일본 경찰이 갑자기 경신 일행을 불러세웠다. 자칫 신분이 탄로날 수 있는 위기의 순간, 경신은 품에서 권총을 꺼내 놈을 해치웠다. "잘하셨소!" 경신의 빠른 대응에 다들 감탄을 금치 못했다. 대장 장덕진이 미소 지었다. 비로소 한몫한 것 같아 경신도 뿌듯했다.

위기를 넘기고 8월 1일 무사히 평양에 입성한 일행은, 의용단원 한준관이 운영하는 포목점을 연락 장소로 삼고 거사를 준비했다. 당시 결사대에 은신처를 제공한 이들 중에는 훗날 독립군 비행사로 유명해진 권기옥도 있었다. 아직 앳된 권기옥을 경신은 흐뭇한 눈길로 바라보았다. 이른 나이에 투쟁 전선에 뛰어든 후배가 대견하고 고마웠다. 그에게 부끄럽지 않은 선배가 되리라, 경신은 다짐했다.

거사일은 야시가 열리는 8월 3일로 정해졌다. 마침내 그날이 왔다. 1조는 평안남도 도청으로, 2조는 평양경찰서로, 3조는 평양부청(현재의 시청)으로 향했다. 밤 9시 30분, 경신은 장덕진, 박태열과 함께 평양경찰서 앞에 도착했다. 사람들의 눈을 피해 도화선에 불을 붙였지만 빗물에 젖어 불이 붙지 않았다. 낭패였다. 그때 멀리서 커다란 폭음이 들렸다.

"펑!"

1조가 맡은 도청 쪽이었다. 문일민과 우덕선이 평안도청 경찰부에 폭탄을 던져 성공한 것이었다. 이 폭파로 경찰부 담장이 무너지고 유리창이 깨졌으며, 일경 두 명이 폭사했다. 야시가 열려 흥청거리던 거리는 삽시간에 아수라장이 되었다. 더 이상 지체할 순 없었다. 장덕진이 말했다.

"나는 박동지와 해주로 가겠소. 경찰서는 실패했지만 동척에 본때를 보여줘야지!"

"나도 가겠소."

"아니, 임신한 몸으론 무리요. 여기 남아 다른 동지들을 지원하고 나중에 귀환하시오."

임신이란 말에 박태열은 깜짝 놀랐다. 경신이 몸을 사린 적이 없어 임신은 상상도 못 했던 것이다. 경신은 말없이 고개를 숙였다. 그들과 함께 가고 싶었지만 임신한 게 알려진 마당에 짐이 될까 봐 더는 고집할 수 없었다. 장덕진이 등을 떠밀었다. "안 동지, 어서 가시오. 부디 몸조심하오." 경신은 눈물을 꾹 참고 먼저 자리를 떴다.

이때 동양척식주식회사를 폭파하러 해주로 간 장덕진과 박태열은 일제의 삼엄한 경비에 막혀 실행하지 못하고 서간도로 돌아갔다. 유일하게 폭파에 성공한 문일민과 우덕선도 무사히 귀환했다. 한편 경신은 동지들과 헤어져 혼자 참외밭에 숨어 있다가 이튿날 평양 기자림에서 다른 동지를 만나 폭탄 심부름을 한 뒤 함경남도 이원으로 피신했다. 그리고 보안법 위반으로 감옥살이를 했던 이발사 최용주의 집에 몸을 숨겼다. 임신 중이었던 경신은 이곳에서 시간을 벌며 또 다른 일을 도모하고자 했다.

광복군 결사대의 폭파 작전은 일제에게 큰 충격을 주었다. 비록 애초 계획한 평양부청과 경찰서 공격은 불발했지만, 잇달아 신의주에서 호텔 폭파 기도가 있었고, 9월 1일엔 결사대에 합류한 중학생 박치의가 선천경찰서를 폭파시켜

적의 간담을 서늘케 했다. 박치의는 그 자리에서 체포되어 이듬해 9월 30일 평양형무소에서 교수형에 처해졌다.

일제 경찰은 평남도청 경찰부 폭파 사건을 해결하기 위해 밤낮으로 기를 썼으나 한동안 범인이 누구인지조차 알지 못했다. 그렇게 해를 넘기고 3월 중순이 되었을 때 비로소 밀정이 꼬리를 잡았다.

1921년 3월 20일, 낯선 사내들이 최용주의 집을 둘러쌌다. 평양경찰서 고등계 형사들이었다. 최용주가 이상한 낌새를 눈치채고 몸을 일으킨 순간, 형사들이 그를 덮쳤다. 불과 일주일 전 아기를 출산하고 작은방에서 몸조리 중이던 안경신은 그대로 경찰에게 체포되고 말았다. 3월 25일 그녀는 갓난아기를 안은 채 평양으로 압송되었다. 이튿날 검찰로 넘겨진 그는 두 달 넘게 가혹한 심문에 시달렸다. 하지만 그는 모르쇠로 일관하며 끝내 입을 열지 않았다.


6월 6일 평양에서 경신의 1심 재판이 열렸다. 경신은 사형을 선고받았다. 여성 독립운동가에게 사형 선고는 처음이었다. 경신은 "일본은 나의 죄를 입증하지 못하니 나는 무죄다!"라고 외치며 판결에 불복했다. 임시정부에서도 "평남도청 폭탄 사건은 임시정부의 특명으로 결사대장 장덕진이 동지들과 함께한 것이며 안경신은 전혀 무관하니 방면하라"는 내용의 투서를 김구, 이탁, 장덕진 등의 명의로 총독부에 보냈다.

'여자 폭탄범'이 사형 선고를 받았다는 소식에 세간의 관심이 높아졌다. 9월 29일 항소심이 열렸을 때는 경신을 보려는 사람들로 방청석이 입추의 여지가 없었다. 그 속엔 소식을 듣고 한달음에 달려온 어머니도 있었다. 어머니는 젖먹이를 안고 법정으로 들어서는 초췌한 딸의 모습에 하염없이 눈물을 흘렸다. 방청석의 어머니를 본 순간, 경신의 마음도 출렁였다. 하지만 경신은 자신이 해야 할 일을 떠올렸다. 재판정은 또 다른 투쟁의 장이었다.

재판장이 "피고는 무슨 불만이 있어 사형을 선고한 1심 판결에 불복하였는가?" 하고 물었다. 방청석의 시선이 전부 경신에게로 향했다. 경신은 당당하게 답했다. "내가 하지 아니한 일을 하였다니까 불만이 아니겠는가?"

조금도 주눅 들지 않는 태도에 방청석이 술렁였다. 재판장이 다시 "조선독립을 희망하여 다른 방면으로 독립사상을 선전하거나 권유한 일이 없는가?" 하고 묻자 경신은 거침없이 말했다. "조선독립은 지금까지도 내가 희망하는 바다. 다만 달리 사상을 선전한 일은 없다."

재판장과 검사가 어떤 질문을 해도 막힘없이 대답하는 그의 모습에 방청석은 감탄을 금치 못했다. 신문에 '청산유수 같은 안경신'이란 기사가 실릴 정도였다. 경신은 재판정에서 자신의 혐의를 완강히 부인했고 법정 공방은 이듬해 봄까지 이어졌다. 항소심 마지막 날, 재판장은 징역 10년형을 선고했다. 경신은 재판장 앞으로 나서며 벼락같이 소리쳤다.

"내가 무슨 죄가 있다고 3년이나 가두었다가 10년 징역에 처한단 말이냐! 증인을 불러라. 증인을 불러 다시 심문하라."

간수가 억지로 끌고 나가려고 하는데 방청석에 있던 어머니가 달려들었다. "안 된다, 이놈들! 내 딸 내놔라!" 어머니는 소리 높여 울면서 경신의 허리를 잡고 매달렸다. 다른 사람들도 한데 어우러져 아우성을 치면서 일대 혼란이 벌어졌다.

경신은 바닥을 구르고 악을 쓰다가 재판소 유치장으로 끌려갔다. 눈은 뜨고 있었으나 정신은 아득했다. 자신 때문에 늙은 어머니가 얼마나 애를 끓였을지, 생각하면 가슴이 미어졌다. 더구나 눈도 제대로 못 뜨는 어린것을 두고 10년 징역을 살아야 했다. 옥살이를 끝내면 40대 중반인데 과연 그때도 투쟁을 할 수 있을까, 막막하기도 했다. 누구보다 당찬 그도 이날만큼은 참담한 심경을 어쩌지 못했다.

얼마 뒤, 언니 안필녀가 감옥으로 면회를 갔다. 지낼 만하냐는 언니의 물음에 경신이 대답했다.

"나는 괜찮은데 애가 걱정이오. 감옥 안이 어찌나 추운지 얼음장 같은데 옷가지 하나를 안 주니, 원. 내가 영양 부실이라 젖도 잘 안 나와서 어린것이 고생이 많소. 밖에 나가면 괜찮아지려나?"

말투는 담담했지만 눈시울이 붉어진 것은 감출 수 없었다. 감옥에서는 아이를 키울 수 없게 되어 있어 젖을 뗀 아이는 밖으로 내보내는데, 경신 역시 곧 아들과 헤어져야 했다. 갓난애를 떼어놓는 건 고통스러웠지만 열악한 감옥살이보다는 바깥이 나으리라고 경신은 스스로를 위로했다.

1927년 경신은 가출옥으로 석방되었다. 7년 만에 바깥 세상에 나온 그는 평양 신양리에 있는 오빠 안세균의 집으로 달려갔다. 오빠는 반갑게 경신을 맞았으나 이내 어두운 낯빛이 되었다. 이윽고 세균의 입에서 차마 듣고 싶지 않은 소식들이 이어져 나왔다. 어머니는 그가 감옥살이를 시작한 지 석 달이 못 돼 돌아가셨고, 아들은 영양결핍으로 끝내 눈이 멀고 말았다는 것이었다. 그리고 "몇 해 전에 상하이에서 연락이 왔는데, 너희 대장이었던 장덕진이라는 이가 중국인에게 피살당했다고 하더라."

순간 경신은 그 자리에 주저앉고 말았다.


그로부터 몇 달 뒤, 신문에 경신의 근황을 전하는 짧은 기사가 실렸다. 어찌 지내냐는 기자의 물음에 그는 이렇게 답했다.

"어머니는 돌아가셨고 자식은 병신이오니 어느 것이

서럽지 않겠습니까? 무엇보다 동지 장덕진 씨가 비명에 갔단 소식을 듣고는 눈물이 앞을 가리어 세상이 모두 원수같이 생각됩니다."

이것이 세상에 전해진 그의 마지막 말이었다. 이 날을 끝으로 경신은 역사에서 사라졌다. 그의 아들이 어찌 됐는지도 전해지지 않는다. 과연 그들은 어디로 갔을까, 어디서 무엇이 되었을까.

대한민국 정부는 1962년 안경신에게 독립장을 추서했고, 2015년 5월 이달의 독립운동가로 선정했다. 이를 계기로 언니 안필녀의 손자가 자신이 안경신의 방계 후손임을 밝혔다. 현재까지 알려진 그의 유일한 후손이다.

# 시베리아의 붉은 전설

— 1885-1918

# 김
# 알
# 렉
# 산
# 드
# 라

"1915년 벌목장에서 일하던 어느 날, 나는 목재 창고 근처에서 중키의 아름다운 여자를 보았다. 노동자들은 그가 러시아어, 조선어, 중국어에 능통한 통역관이라고 수군거렸다. 그의 이름은 알렉산드라 김이었다. 그는 정중하게 노동자들을 대했고 사업주 앞에서 그들의 권익을 옹호했다. 이 때문에 러시아인, 조선인, 중국인 노동자들은 그를 사랑하고 모든 점에서 그를 신뢰했다."

러시아의 우랄 지역에서 활동했던 조선인 노동자 김시약의 회고

김알렉산드라
초상

룡천남. 2008년즘
만지 5예 채색
70×94cm 최라소장

김알렉산드라 인물 드로잉
윤석남, 2020년 종이 커피 연필
46×34cm 작가 소장

김알렉산드라 페트로브나. 이름이 말해주듯 그는 러시아에서 태어난 조선인이었다.

1869년 겨울, 아버지 김두서는 목이 잘릴 위험을 무릅쓰고 두만강을 건넜다. 그해 함경도에는 이른 봄부터 여름까지 비 한 방울 내리지 않았고, 간신히 파종해 씨앗이 움틀 무렵엔 소가 맞아 죽을 만큼 커다란 우박이 쏟아졌다. 낟알 한 알 거두지 못한 대흉작으로 길가에는 굶어 죽은 시체가 나뒹굴었다. 굶주림에 쫓긴 사람들은 강을 건너 중국으로 러시아로 향했다. 정부는 국경에 파수를 세우고 탈출하는 사람들을 붙잡아 목을 베기까지 했다. 하지만 죽기 살기로 나서는 이들을 막을 수는 없었다. 그해에만 함경도에서 6500명 이상이 강을 건넜다. 함경북도 경흥이 고향인 김두서도 그중 하나였다.

사촌동생들과 함께 국경을 넘은 김두서는 경흥읍민이 대거 이주한 러시아령 크라스키노(연추) 지방의 지신허로 갔다가 이듬해 수이푼(추풍) 지역으로 이주했다. 그는 원시림을 개간해 영안평 마을을 일구고 그곳에 터를 잡았다. 시넬니코보라 불리는 영안평은 수이푼 강가에 형성된 대표적인 조선인 마을 중 하나로, 스무여 가구 90여 명의 조선 이주민이 모여 살았다. 당시 이주민 마을은 러시아에 입적한 양반 지주와 부농이 모여 사는 원호촌과, 러시아 국적 없이 이들에게 땅과 돈을 빌려 사는 여호촌으로 나뉘어 있었는데 영안평은 원호촌이었다.

　김두서는 외국어에 재능이 있었다. 러시아로 오기 전 중국 훈춘에서 잠시 소작인 생활을 하며 중국어를 익혔고, 러시아에서는 막노동꾼으로 품을 팔면서 말을 배웠다. 3개 국어에 능한 데다 러시아 시민권까지 획득한 그는 마을에 문제가 생기면 앞장서 러시아 관청을 상대했다. 그는 마을 촌장으로 조선인 이주민과 러시아 당국의 창구 역할을 하며 양쪽의 신임을 얻었다.

　농사일보다 '통사' 즉 통역사로 일하는 시간이 늘면서, 그는 관영 공사장이나 군대에 인부를 대주고 물품을 조달하는 청부업자 일명 '포드랴치크'로 일하게 되었다. 초기 이주민들 중 부를 일군 유지들 대부분이 청부업을 통해 돈을 번 통사였다. 그러나 김두서는 이주민들의 권익 보호에 마음을 쓰느라 돈벌이는 뒷전이었기에 살림살이는 농사를 지을 때보다 나을 게 없었다. 하지만 그의 아내 선산 김씨는 이런 남편을 탓하지 않았다. 조선에서 가난한 백성을 이용해 배를 불리는 탐관오리들을 지긋지긋하게 겪은 터였다. 먼 타국까지 와서 제 나라 사람을 이용해 살지는 말자는 게 부부의 한결같은 뜻이었다.

　알렉산드라는 이런 아버지와 어머니 사이에서 태어났다. 1885년 2월 22일, 조선의 절기로는 입춘이 지났으나 여전히 바람 끝이 매서운 이른 봄날이었다. 알렉산드라는 5남매 중 셋째로, 오빠 하나와 아래로 여동생과 남동생 둘이 있었다(원래는 6형제지만 첫아들 새별은 일찍 죽었다). 이주 개척민의 고된 생활 속에서 여섯 아이를 낳은 어머니는 알렉산드라가 어릴 적 세상을 뜨고 말았다. 김두서는 홀로 어린아이들을 키웠다.

어머니 없는 아이는 일찍 철이 난다. 알렉산드라도 그랬다. 어려서부터 제 할 일을 스스로 알아 하면서 그는 손끝 여물고 속 깊은 아이로 자랐다. 척박한 연해주에서는 조선에서처럼 여자라고 업신여기거나 내외하는 일이 드물었다. 특히 알렉산드라는 성격이 활발하고 대범해서 아이들이나 어른들이 모두 좋아했다. 훗날 그가 죽었다는 소식을 들은 고향 사람들은 하나같이 "아까운 사람이 죽었다"며 애석해했다.


1896년 제정 러시아는 시베리아 횡단철도의 일환으로 동청철도 공사를 시작했다. 공사에는 값싼 조선인, 중국인 노동자들이 대거 투입되었다. 당국은 러시아어, 중국어에 두루 능통한 조선인 통사를 징집했는데, 다른 포드랴치크들은 돈을 써서 피했지만 김두서는 강제 징집을 피하지 못했다. 가족들은 통사로 징집된 아버지를 따라 건설 현장인 만주로 갔다. 노동자들과 함께 천막집에 사는 열악한 환경이었으나 나쁘기만 한 것은 아니었다.

노동자들은 단순한 통역을 넘어 자신들의 대변자로 나서주는 김두서를 존경했고 그 식구들을 한 집안사람처럼 아꼈다. 알렉산드라는 "수라" 또는 "어린네"로, 여동생 마리아는 "오금네"란 애칭으로 불리며 귀여움을 받았다. 한데 어울려 사는 동안 아이들은 자연스레 중국어를 익혔다. 특히 알렉산드라는 유창한 중국어 실력으로 주위를 놀라게 했다.

김두서는 여러 현장을 동분서주하느라 자리를 비울 때가 많았는데 그때마다 사람들은 "수라!"를 찾았다. 나이는 어리지만 이미 그는 노동자들의 목소리를 대변하는 믿음직한 통사로 인정받고 있었다. 몇 해 뒤 형제들이 모두 하바롭스크로 떠날 때도 알렉산드라는 아버지와 함께 현장인 아세허 역에 남았다.

변변한 안전장치도 없이 돌산을 허물고 망치와 삽 같은 도구만으로 커다란 바위를 깨 날라야 하는 공사 현장에선 하루가 멀다고 인명 사고가 일어났다. 그나마 러시아 노동자들은 병원 치료에 장애 연금도 받을 수 있었지만, 조선인과 중국인 노동자 들은 시민권이 없다는 이유로 치료조차 받지 못한 채 죽어갔다. 관리들은 말 한 마리가 죽으면 시말서를 썼지만 이주 노동자가 죽으면 책임을 지기는커녕 오히려 죽은 이의 임금을 가로채기 급급했다.

알렉산드라는 노동자라서 힘들게 일하고, 조선인이고

중국인이라서 짐승보다 못한 대우를 받는 모습을 보며 계급 차별, 민족 차별에 눈을 떴다. 그리고 노동자 편에서 차별에 맞서 싸우는 아버지처럼 살리라 다짐했다.

그러나 스승과도 같던 아버지는 알렉산드라가 열일곱 살 때인 1902년 6월에 세상을 떴다. 1899년 의화단운동이 일어나자 영국, 일본, 러시아, 미국 등 제국주의 열강들은 수십만 명이 넘는 군대를 파견해 진압에 나섰는데, 당시 김두서는 만주 일대에서 러시아군의 무자비한 진압에 희생되는 중국인들을 구하려 동분서주했다. 덕분에 많은 이들이 목숨을 구했지만 정작 그는 이 와중에 깊은 병을 얻었고 끝내 일어나지 못했다.

알렉산드라는 홀로 임종을 지켰다. 다행히 평소 김두서와 각별한 사이로 아세허 역장이었던 폴란드인 스탄케비치가 도움을 주었다. 장례가 끝난 뒤 스탄케비치는 알렉산드라에게 블라디보스토크의 여성사범학교에 진학해 교사가 되라고 권했다. 학비가 걱정됐지만 배움의 열망이 더 컸던 알렉산드라는 그해 여름 사범학교에 입학했다.

대도시에서 공부하며 그는 넓은 세계에 눈을 떴고 새로운 사상의 세례를 받았다. 당시 러시아는 차르체제에 반대하는 혁명의 기운이 날로 커지고 있었다. 알렉산드라는 러시아 사회주의의 아버지로 불리는 게르첸, 진화론을 처음

소개한 피사레프, 소설 《무엇을 할 것인가》를 쓴 체르니솁스키 등의 책을 열심히 읽었고 청년들의 독서모임에도 참여했다. 러시아 청년들은 검정 치마에 흰 저고리를 입고 검은 머리를 땋아 내린 이 낯선 아가씨를 호기심 어린 눈으로 바라보았다. 하지만 모임이 거듭되면서 호기심은 경이로 바뀌었다. 누구에게나 먼저 웃으며 다가서는 친화력, 야윈 몸에서 뿜어져 나오는 뜨거운 열정과 지성에 사람들은 감탄했고 존경심마저 느꼈다.

사범학교를 졸업했을 때 알렉산드라에게는 이미 자유·평등·공동의 이상을 실현하겠다는 뚜렷한 목표가 있었다. 그는 자신이 나고 자란 영안평의 소학교 교사로 부임했다. 조국을 잃고 먼 이국땅에서 가난과 차별에 시달리는 동포와 아이들에게 조금이나마 도움이 되고 싶었다.

그 무렵 스탄케비치의 아들 마르코비치가 청혼했다. 알렉산드라는 결혼을 서두르고 싶지 않았지만 고마운 스탄케비치 아저씨가 바라는 일인 데다, 마르코비치와는 어려서부터 알던 사이로 그도 한때 반체제 운동에 공명하던 지식청년이었기에 청혼을 받아들였다.

그러나 결혼 생활은 생각과 달랐다. 남편은 결혼 전의 이상 따위는 다 잊었다는 듯, 놀음과 술추렴에 빠져 지냈다. 알렉산드라는 놀랐고 실망했다. 아들 비야체슬라프가 태어났지만 남편의 태도는 조금도 바뀌지 않았다. 결국 알렉산드라는 아이를 데리고 블라디보스토크로 왔다. 남편 탓을 하며 세월을 보내느니 힘들어도 자기 힘으로 자신의 인생을 살기 위해서였다.

1905년 1월 9일 수만 명의 노동자들이 노동조건 개선 등을 요구하며 궁전을 향해 행진하다가 경찰의 총격으로 수백 명이 죽고 다치는 '피의 일요일' 사건이 일어났다. 이후 전국에서 파업과 농민봉기가 이어졌다. 블라디보스토크에서는 을사늑약 이후 망명한 조선 군인들과 노동자들도 시위에 참여했다. 조선 이주민을 착취하는 러시아 지배계급에 대한 불만이 시위로 이어진 것이었다. 경찰은 이들에게 총격을 가하고 처형하기까지 했다.

차르의 전제정치에 신음하는 러시아 민중이나 제국주의의 침략으로 살길을 잃은 조선 민중이나, 지배계급의 억압 아래 똑같이 고통받고 있음을 알렉산드라는 절감했다. 두 나라 민중이 자유롭고 사람답게 사는 길은 독재와 제국을 무너뜨리는 혁명뿐이었다.

알렉산드라는 러시아 혁명가들과 파업투쟁을 조직하며 본격적으로 지하운동에 뛰어들었다. 경찰과 헌병대는 지하활동가들을 소탕하기 위해 혈안이었는데, 그는 조선인, 중국인들과의 오랜 인연을 이용해 경찰에 쫓기는 동지들을 중국 남가우령 조선인촌으로 피신시켰고 자신도 그곳에서 한동안 은신했다. 이 과정에서 만주와 연해주 일대의 독립운동가들과 교류하기도 했다.

당시 그를 도운 이들 중에는 신한촌에 있는 그리스 정교회 신부 오가이 와실리도 있었다. 알렉산드라처럼 이주 한인이었던 오가이는 혁명사상을 가진 인물로, 이동휘, 김립 등 독립투사들과도 긴밀한 관계를 맺고 있었다. 그는 경찰에 쫓기는 알렉산드라를 부인이라 속여 자신의 집에 숨겨주었는데, 그러는 사이 둘 사이엔 사랑이 싹텄다. 1910년 알렉산드라는 둘째 아들 보리스를 낳았다. 하지만 오가이에겐 이미 가정이 있었고, 알렉산드라는 결혼이라는 형식에 연연하지 않았다. 한 가정의 아내가 되는 것보다 한 사회의 일원으로 사는 것이 그에겐 더 중요했다.

1914년 여름 제1차 세계대전이 일어났다. 러시아 차르 정권은 혁명가들이 전쟁을 틈타 봉기할까 봐 일본군의 힘을 빌려 혁명 세력을 제거하려 했다. 블라디보스토크에서 활동하던 요주의 인물들을 색출해 아무 연고도 없는 먼 내륙 지방으로 추방하는 일이 비일비재하게 일어났다. 신변의 위협을 느낀 이상설, 이동휘 등 조선 혁명가들은 중국으로 떠났다.

그해 말, 알렉산드라는 자신이 나고 자란 연해주를 떠나 자의반 타의반 멀고 먼 우랄 지방으로 향했다. 정부의 추방을 피해 다른 곳으로 피신할 수도 있었지만 어차피 활동지를 옮겨 새로운 지역에서 새롭게 시작해야 한다면 내륙 지방으로 가는 것도 나쁘지 않을 성싶었다. 우랄 지역에 군수 공장이 밀집해 있고 거기서 값싼 조선인 노동자들을 대거 모집하는 것도 그의 마음을 끌었다. 어릴 적 경험에 비춰볼 때 통사로서 자신을 필요로 하는 일이 있을 게 분명했다. 칼바람 부는 겨울밤, 그는 홀로 집을 나섰다.

"당신을 사랑하는 마음은 변함없어요. 하지만 나는 집사람이 아닌 사회의 사람으로 살아야 해요. 그게 내 길입니다. 당신이라면 아이들을 잘 길러주리라 믿어요. 미안하고 고맙습니다."

오가이는 떠나는 알렉산드라를 묵묵히 배웅했다.[27] 작은 집 안에 머물기에 알렉산드라는 너무 큰사람임을 그는 누구보다 잘 알고 있었다.

알렉산드라가 도착한 우랄 지방에는 당시 러시아군에 무기 등을 조달하고 목재를 공급하는 관영 공장들이 많았다. 전쟁으로 군수품 수요가 늘자 노동자에 대한 수요도 덩달아 커졌다. 한인 청부업자들은 이 틈을 타 가난한 이주민들을 값싼 노동력으로 제공하고 이문을 챙겼다. 심지어 통사 김병학이란 자는 위조 계약서로 수천 명의 조선인 노동자를 우랄로 데려와 공장에 팔아넘긴 뒤 달아나버렸다. 노동자들은 사기 계약이라며 피해를 호소했지만 공장 측은 해결은커녕 오히려 임금도 주지 않은 채 노예처럼 부려먹었다.

알렉산드라는 조선 노동자들의 비참한 현실에 눈물을 흘리며 분노했다. 그는 통사로 취직한 뒤 노동자들을 만나 진상 파악에 나섰다. "저렇게 젊은 여자가 뭘 할 수 있겠어?" 노동자들은 미심쩍어했다. 하지만 러시아어, 조선어, 중국어를 능숙하게 구사하며 밤낮없이 뛰어다니는 모습에, 얼마 안 가 조선인은 물론 중국인과 러시아인 노동자들도 알렉산드라에게 무조건적인 신뢰를 보내게 되었다. 노동자들을 하나로 만든 그는 책임자인 러시아인 국장을 찾아갔다.

"이들은 사기 피해자요. 더구나 당신들은 지금 불법 감금 노동을 시키고 있소. 관에서 이런 짓을 하다니 부끄럽지도 않소! 당장 이들에게 밀린 임금을 주고 풀어주시오."

국장은 길길이 날뛰었다. 기를 꺾으려고 노동자들을 더 학대하기도 했다. 그러나 알렉산드라는 조금도 물러서지 않았다. 7개월 동안 매일 국장을 압박하고 설득했다. 어느 날은 노동자들의 참상에 격분한 나머지 가슴에 품은 권총을 꺼내 겨누기도 했다. 그런 한편으론 법원에 소송을 제기해 법정투쟁도 병행했다. 차르체제의 법원이 공정한 판결을 내릴 리 없었으나 그는 포기하지 않았다.

1917년 초 그는 조선인 최초로 레닌이 이끄는 러시아사회민주당에 가입했다. 그해 2월 혁명이 일어나 차르 지배가 무너졌다. 혁명 이후 재개된 공판에서 알렉산드라는 공장책임자의 불법과 재판관의 불공정을 성토했고, 마침내 재판은 노동자의 승소로 끝났다. 조선인 노동자들은 밀린 임금에다 손해보상금까지 받고 자유롭게 떠날 수 있게 되었다.

이 무렵 멀리 북간도에서 와 일하던 조선 독립군 무관학교 생도 50여 명이 불공정 계약으로 오도 가도 못한다는 소식이 전해졌다. 이들은 1914년 러시아와 중국의 국경지대 나자구에 설립된 무관학교 학생들로, 경비 부족과 청국의 압력으로 학교가 폐쇄되자 직접 경비를 마련해 학교를 살리려고 우랄에 취업했다가 이런 일을 당한 것이었다. 그들 중 다수는 열악한 노동조건으로 병까지 걸린 상태였다.

나라를 위해 먼 타국까지 와서 고생하는 이 생도들에게 알렉산드라는 각별한 애정을 느꼈다. 그는 공장장에게 직접 항의하는 한편, 당 위원회를 찾아가 도움을 요청했다. 덕분에 이들의 요구는 모두 관철되었고, 생도들은 식사와 차편을 무료로 제공받으며 만주까지 무사히 돌아갈 수 있었다. 이 사건을 계기로 1918년 하바롭스크에서 한인사회당이 결성되었고, 연해주와 만주에서 활동하던 많은 독립운동가들이 사회주의를 받아들이게 되었다.

어느새 알렉산드라라는 이름은 정의의 대명사가 되었다. 1917년 여름 연해주로 돌아오는 길에 치타에 들렀을 때는, 그를 환영하는 인파가 역 앞을 가득 메워 마치가 다닐 수 없을 정도였다. 한인과 중국인만이 아니라 러시아인 사이에서도 그의 인기는 대단했다.

일개 통사로 우랄에 간 지 3년 만에, 그는 러시아 극동 지역의 볼셰비키 지도자가 되어 돌아왔다. 그사이 오가이는 신부복을 벗고 한인사회당에 참여하여, 당 기관지를 발행하던 보문사에서 《조선 역사》를 출판하는 등 다양한 활동을 벌이고 있었다. 알렉산드라는 두 아들과 함께 살며 그와는 동지 관계를 유지했다.


1917년 10월 혁명으로 소비에트 권력이 들어섰다. 알렉산드라는 극동 지역 외교인민위원장을 맡아 소비에트에 동조하는 전쟁포로들로 국제군을 조직하는 데 매진했다. 또한 소수민족에게도 공민증을 차별 없이 발급해서, 러시아 관리와 원호촌 유지들에게 착취당하던 가난한 비입적 이주민들을 구제했다.

조선인, 중국인 이주민들은 어려움이 있을 때마다 그를 찾았고, 그도 가가호호 방문해 귀를 기울였다. 조선 사람의 집에 갔다가 노인이 있으면 꼭 먼저 인사하고 노인네 방문을 닫지 말라고 한 뒤 온 식구들과 얘기를 나누었기에 노인들은 그를 무척 좋아했다. 소박한 옷차림에 구슬이 달린 모자를 쓴 그가 거리를 지나가면, 아이들은 "우리 코미사르

(인민위원)가 간다!"라고 외치며 모여들었고 그는 아무리 바빠도 웃으며 손을 흔들어 답했다.

그러나 이런 기쁨은 오래가지 않았다. 혁명정부는 국내외 반혁명 세력에 맞서 전쟁을 치러야 했다. 반혁명파인 백위군이 전열을 정비해 반격에 나섰고 영국, 프랑스, 일본 등 연합군이 혁명정부를 무너뜨리기 위해 대규모 군대를 파견했다. 연해주에서도 내전이 격화되기 시작했다. 알렉산드라는 영어, 불어, 중국어, 조선어로 외세를 반대하는 전단을 만들어 배포하고, 블라디보스토크에서 일본군 병사들을 상대로 반전 삐라를 뿌리며 선전 활동을 펼쳤다.

1918년 3월 하바롭스크에서 한인사회당이 조직되었다. 그는 여기에도 힘을 보탰는데 이 과정에서 민족을 우선시하는 독립운동가들과 대립하기도 했다. 계급과 민족을 두고 갈등은 있었지만 그의 마음속에는 언제나 조선인에 대한 사랑과 반일의식이 불타고 있었다.

그해 5월 1일 노동절 날이었다. 일본인 정탐꾼 둘이 대회장에 들어오는 것을 보자 알렉산드라는 벼락같이 소리쳤다. "왜놈은 사회주의의 공적이요 우리 조선의 잊지 못할 원수다. 당장 나가라!" 평소 점잖던 그가 이렇게 흥분하는 일은 드물었기에 모두 깜짝 놀랐다. 그런가 하면, 하루는 거리에서 러시아인이 조선인 엿장수의 엿을 빼앗아 먹는 것을 보고 그 자리에서 러시아인을 꾸짖어 엿 값의 배를 받아

준 일도 있었다.

러시아 공산당원으로 그가 누구보다 철저히 당의 노선을 따른 것은, 소비에트 정부를 지키는 것이 반제국주의 투쟁의 하나이며 궁극적으로 식민지 조선의 해방에 기여하리란 확신이 있었기 때문이다. 비록 그 확신이 역사에서 제대로 실현되지는 못했으나 그가 이를 위해 싸운 것은 분명한 사실이었다.

적군의 공세는 갈수록 심해졌다. 알렉산드라는 독일·중국·헝가리·체코 등 여러 민족들로 구성된 국제부대를 조직하는 한편, 이동휘 등 한인사회당 동지들과 협력해 조선인 적위대를 창설했다. 볼셰비키와 거리를 두던 이주 한인들도 빨치산 부대를 조직했다. 일본군이 자국민 보호를 내세워 대규모 군대를 파병했기 때문이었다. 일본군은 백위군과 합세해 한인들의 거점인 연해주, 자바이칼주에서 대대적인 공세를 펼쳤다. 한인 부대는 이들과 맞서 싸웠지만 중과부적이었다.

1918년 9월 4일, 끝내 하바롭스크가 일본과 백위군에 함락되었다. 함락이 눈앞에 다가오자 사회당의 김립은, 적을 유인해 도시의 화약고를 터뜨려 섬멸하고 아무르강 철교를 건넌 뒤 다리를 폭파하자고 제안했다. 그러나 알렉산드라는 화약고를 터뜨리면 도시가 파괴되고 많은 인민이 다칠 것이며 철교는 사회주의 건설에 필요하니 폭파해서는 안 된다고 주장했다. 전투의 목적만큼 수단의 정당성에도 마음을 썼던 것이다. 결국 적위군은 그의 주장대로 화약고 와 철교를 남겨둔 채 퇴각했다.

9월 2일 그는 마지막까지 남아 문건 등을 소각한 뒤 유동열, 김립 등 한인 동지 10여 명과 최후의 탈출선인 바론 코르프호에 올랐다. 강을 거슬러 아무르주로 도피할 계획이었다. 그러나 배는 예카테린 니콜리스크에서 적함에 포위되고 말았다. 겁에 질린 선장이 몰래 배를 정박시킨 뒤 도주한 것이었다. 탈출은 수포로 돌아가고 일행은 하바롭스크로 압송되었다. 다행히 중국에서 활동했던 유동열 등은 중국인 행세를 하여 무사히 풀려났다. 그러나 러시아 전역에 이름이 알려진 알렉산드라는 달랐다. 그는 잔인하기로 악명 높은 카르미코프의 백위군에게 끌려갔다. 카르미코프의 잔혹함은 유명했다. 당시 시베리아 미국 주둔군 사령관이 "내가 이제껏 본 중에 가장 악랄한 불한당"이라고 할 정도였다.

백위군은 알렉산드라를 항복시키려고 그에게 심한 고문을 가하며 심문했다. 처음에는 "젊고 아름다운 당신을 구해주고 싶소" 하고 회유했지만, 알렉산드라가 "우리는 동지를 절대 팔지 않소" 하고 일축하자 잔인한 심문이 이어졌다. 그가 조금도 흔들리지 않자 백위군 장교가 물었다.

"너는 조선인이면서 왜 러시아의 내전에 참여했는가?"

알렉산드라는 서슴없이 대답했다.

"나는 볼셰비키다. 나는 억압받는 민족과 소비에트 정권을 위해 싸웠고 지금도 싸우고 있다. 나는 조선 인민이 러시아 인민과 함께 사회주의혁명을 달성해야만 나라의 자유와 독립을 이룰 수 있다고 굳게 믿는다."

알렉산드라의 뜻을 꺾을 수 없다는 것을 안 백위군은 즉결재판을 열어 바로 사형을 언도했다.


1918년 9월 25일 백위군은 알렉산드라와 볼셰비키당 사회사업위원 치쉰, 시 재판장 네표드프를 데리고 아무르강이 내려다보이는 '죽음의 골짜기'로 갔다.[28] 군인들이 붕대로 눈을 가린 사형수들을 처형대에 세웠다. 알렉산드라는 태연히 눈을 가린 붕대를 풀었다.

"내가 죽을 자리는 내 스스로 잡을 것이다."

군인들은 놀라 총을 겨눴지만 그는 당당한 태도로 절벽을 향해 나아갔다. 한 걸음 한 걸음 조선의 13도를 떠올리며 열세 걸음을 걸은 뒤, 그는 검푸른 아무르강이 부딪치는 바위 위에 올라섰다. 그리고 큰소리로 외쳤다.

"나는 전 세계 인류의 자유와 나를 처형하는 너희의 자유를 위해 나 자신을 바친다. 나는 대한국 여자다. 내 죽음으로 인해 전 세계의 사회당은 더욱 힘써 싸울 것이며, 내가 가장 경애하는 2000만 동포도 머지않아 자유와 독립의 영광을 얻을 것이다. 내 영혼은 이를 믿고 바라노라. 사랑하는 동지들이여, 인민이여! 고을마다 공산주의의 씨앗이 자라게 하소서. 기적의 꽃이 피게 하소서. 그리하여 그 꽃이 모든 장애와 바람과 폭풍우를 이겨내고 조선에 자유와 독립을 이루게 하소서. 나는 온 세상 노동자들의 자유를 위해 이렇게 죽어갑니다."

"탕, 탕, 탕, 탕"

총탄 세례를 받은 그의 몸이 바위를 피로 물들이고 절벽 아래 강으로 떨어졌다. 강물이 검은 용 같다 하여 중국인들이 흑룡강이라 부르는 아무르강이 젊은 주검을 받아 안았다.


김 알렉산드라 페트로브나. 자유를 위해 나고 자유를 위해 일하고 자유를 위해 죽은 그의 나이 향년 서른셋. 그가 죽고 3년 동안 하바롭스크 사람들은 이 강에서 낚시를 하지 않았다.

오늘날 그가 활동했었던 하바롭스크시 마르크스 거리 22번지에는 그의 얼굴이 동판으로 새겨져 있으며, 카자흐스탄 공화국의 옛 수도 알마아타시에 있는 조선극장에는 홍범도의 초상화와 함께 그의 초상화가 걸려 있다.

**김알렉산드라**

# 조국을 위해 날다

— 1901-1988

## 권
## 기
## 옥

"어린 마음이었지만 항일투쟁에는 무조건이었습니다. 감옥이
아니라 죽음도 두렵지 않았지요. 나이가 어리고 여자라는 게
참으로 원통했습니다. 그때 하늘을 날며 왜놈들을 쉽게 쳐부술
수 있는 비행사가 되려고 마음을 다졌지요."

잡지 《여원》 1961년 7월호 인터뷰에서

**권기옥 초상**
윤석남, 2020년,
한지 위에 채색,
210×94cm, 작가 소장

위) 권기옥 채색 드로잉
윤석남, 2020년, 한지 위에 채색,
45×34cm, 작가 소장

아래) 권기옥 연필 드로잉
윤석남, 2020년, 종이 위에 연필,
45×34cm, 작가 소장

내 인생은 무척이나 바빴다.[29]

오라는 데는 없어도 갈 데는 많았고, 누가 시키지 않아도 하고 싶고 해야 할 일이 산더미 같아 쉴 틈이 없었다. 여섯 살 무렵부터 갓난 동생을 돌보고 아홉 살에 벌써 돈을 벌어 살림에 보탰으니 천성이 바지런하달까, 가만있는 성격은 아니었다. 부모님은 그런 나를 믿고 의지했다. 어린 나이에 어른 한몫을 하는 아이였으니까. 하지만 애초부터 그랬던 건 아니다. 오히려 나는 환영받지 못한 아이였다.

첫째와 둘째 아이를 나자마자 잃고 세 번째로 딸을 얻었을 때, 아버지 권돈각은 '길례'란 이름을 지어주었다. 복되게 오래 살라는 뜻이었다. 그러나 1901년 1월 11일 엄동설한에 태어난 아이가 또 딸이자 아버지는 눈길 한 번 주지 않았다. 어머니 장문명이 "그래도 이름은 있어야 하지 않소?" 하자 내놓은 것이 '갈례'? 가버려라, 차라리 죽어버리라는 뜻이었다. 나는 저주나 다름없는 바로 그 이름을 받은 아이였다.

이름 탓일까, 다섯 살 때 나는 장티푸스에 걸려 정말 저 세상으로 갈 뻔했다. 죽은 줄 알고 묻으려 한 아이가 새벽녘 기적적으로 자리를 털고 일어났다고, 어머니는 몇 번이나 내게 그 얘길 하셨다. 어머니는 딸의 기적적인 생환을 집 옆 장대현교회 신도들이 기도해준 덕이라 여겨 그때부터 교회에 나가기 시작했고 나중엔 식구들 모두가 다녔다.

우여곡절 끝에 목숨은 건졌지만 살기는 녹록치 않았다. 아버지가 노름으로 유산을 다 날리는 바람에 집은 망하고 어머니마저 건강이 나빠져 나는 어려서부터 집안일을 거들었다. 한 살 어린 남동생 기복이 숭덕학교에 들어간 아홉 살 때 나는 벌써 내 손으로 옷을 지어 입고 아기 모자까지 만들어 팔았으며, 열한 살 때는 은단공장에서 일했다. 그래도 공부가 하고 싶어 틈만 나면 학교에 다니는 언니의 교과서로 혼자 한글을 깨쳤다.

1912년 봄, 나는 갈례 대신 '기옥'이란 새 이름으로 교회에서 운영하는 숭현소학교에 입학했다. 학교에서 월사금을 면제해준 덕이었다. 다른 아이들보다 3, 4년 늦게 학교에 들어갔지만 나는 월반을 하며 금세 따라잡았다. 언니가 일찍 결혼한 뒤 아픈 어머니 대신 어린 여동생 둘을 돌보고 부엌살림을 도맡아 하면서도 나는 언제나 1등이었고 특히 수학과 과학에 뛰어났다.

1918년 소학교 고등과를 졸업하고 곧바로 숭의여학교 3학년에 편입한 나는 박현숙 선생님의 권유로 학교 내 비밀결사 단체인 송죽회에 가입했다. 1913년 김경희, 황애덕 선생님 등이 조직한 송죽회는, 해외 독립운동가들의 가족을 돕고 독립자금을 지원하는 비밀조직으로 조직 내 규율이 엄격했다. 하지만 나는 훌륭한 선배들의 뒤를 이을 수 있게 돼 기뻤다.

3·1운동이 일어나기 며칠 전, 박 선생님은 나와 친구 열 명을 불러 몰래 태극기를 만들게 했다. 우리는 일본인 교사의 눈을 피해 사흘 동안 태극기 200여 장을 만들었고, 거사 전날 밤 치마폭에 숨겨서 만세 시위가 예정된 숭덕학교 지하실로 옮겼다. 동틀 녘에야 모든 준비가 끝났다.

3월 1일 낮 12시, 평양 시내 교회들의 종소리를 신호로 만세 시위가 일어났다. 나와 친구들은 열심히 시위에 참여했다. 경찰은 시위대를 무차별 폭행하며 체포했다. 다음 날 박현숙 선생님이 시위 주동 혐의로 집에서 끌려갔다는 소식이 전해졌다. 경찰이 학교 주변에 쫙 깔렸다. 하지만 우리는 경찰의 눈을 피해 담 구멍으로 몰래 학교를 빠져나가 만세를 불렀다. 허를 찔린 일경은 가담자를 색출하려 혈안이 되었다. 내 경우 무사히 넘어가는 듯했지만 며칠 뒤 길을 가다가 체포되었다. 다행히 주동자로 몰리지는 않아서 3주 만에 석방될 수 있었다.

유치장에서 나온 뒤에도 나는 독립운동을 포기하지 않았다. 하지만 송죽회 같은 조직에 들어가는 대신 혼자 활동하기로 했다. 비밀결사는 회원 하나가 붙잡히면 모든 조직이 드러나고 정보가 새 나갈 위험이 있었기 때문이다.

내가 맨 처음 한 일은 임시정부 공채를 파는 것이었다. 3·1운동이 일어나고 한 달여 뒤 상하이에서 수립된 임시정부는 독립자금을 마련하기 위해 독립공채를 발행했다. 나는 임정의 연락원에게 공채 묶음을 받아 우리 학교 학생들을 상대로 팔았다. 아이들은 머리카락을 잘라 팔아서라도 공채 살 돈을 마련했고 지역 유지의 부인들도 선뜻 자금을 내놓았다. 위험하지만 보람 있는 일이었다. 우리 부모님도 나를 도와주셨다. 어머니는 임정의 연락원에게 받은 공채를 숨겨주었고, 아버지는 주위 사람들에게 임정이 수립되었단 사실을 알려서 내게 힘이 되어주셨다.

그러던 어느 날, 임정 연락원이자 평양청년회를 조직해 활동하던 김재덕이 평양 근교 과수원에서 권총을 찾아다 달라고 내게 부탁했다. 내가 동생 기복에게 그 이야기를 했더니 동생은 권총을 발목에 차고 그 위에 대님을 묶은 다음 자전거를 타고 가져왔다. 어머니는 나 대신 김재덕에게 그것을 전달했다. 그런데 김재덕이 권총을 시험하다 오발로 총소리를 내는 바람에 발각되고 말았다. 김재덕은 간발의 차로 상하이로 달아났지만 나는 평양경찰서로 끌려갔다. 다행히 뚜렷한 증거가 없었기 때문에 얼마 안 돼 풀려날 수 있었다. 하지만 11월 초 평양에서 임정 교통부원들의 주도로 만세 시위가 벌어지자 경찰은 이를 빌미로 다시 나를 체포했다.

나를 담당한 일본인 형사 다나까는 혐의를 잡으려고 혹독한 고문을 가했다. 천장에 거꾸로 매달아 놓고 물고문을 해대며 괴롭히길 2주일, 나는 수없이 까무러치면서도 버텼다. 결국 아무 증거도 찾지 못한 다나까는 나를 검찰로 넘기면서, "이 여자는 지독해서 죽어도 말을 안 한다. 검찰에서 단단히 다루기 바란다"는 쪽지를 붙여 보냈다. 원래는 증거 불충분으로 집행유예가 될 수 있었으나 이 쪽지 때문에 나는 감옥에서 6개월 징역을 살았다.

1920년 4월 출옥한 나는 본격적으로 독립운동에 뛰어들었다. 감옥에서 졸업을 맞은 터라 학교를 대신할 활동 공간을 마련하는 것이 시급했다. 나는 숭실학교에서 브라스밴드 전도대를 이끄는 차광석의 권유로 '평양청년회 여자전도대'를 조직했다. 음악을 연주하며 대중 강연을 하는 전도대는 인기가 매우 좋아서, 평양은 물론 멀리 경상도까지 지방순회를 다녔다. 전도대 활동은 강연을 통해 사회의식을 고취하고 기부금도 모을 수 있어 일석이조였다. 하지만 그만큼 일제의 탄압이 심해, 전도대장인 나는 걸핏하면 경찰에 연행됐다. 활동에 제약을 느낀 나는 얼마 뒤 전도대에서 물러났다.

이 무렵 임정에서 비밀공작을 지원해달라고 내게 연락이 왔다. 1920년 8월 광복군사령부에서 평안남도 도청을 폭파하기 위한 행동대를 파견하는데, 이들을 숨겨달라는 것이었다. 나는 잘 아는 숭현소학교 수위에게 부탁해 문일

**권기옥**

민, 장덕진 등 대원들을 학교 지하실 석탄 창고에 숨겼다. 대원 중에는 여자도 한 명 있었다. 나중에 여성 폭탄범으로 널리 알려진 안경신이었는데, 몸집은 아주 작았지만 눈매가 매서웠다.

행동대는 창고에서 폭탄을 만들어 도청 일부를 파괴하는 데 성공했다. 거사 뒤 그들은 모두 무사히 빠져나갔으나 안타깝게도 유일한 여성 대원이었던 안경신은 이듬해 체포되고 말았다. 뒤늦게 신문 보도를 통해 사건 당시 그가 임신부였다는 사실을 알고 나는 깜짝 놀랐다. 그런 몸으로 그토록 대담한 투쟁을 벌이다니, 나는 감탄했고 그이처럼 당찬 투사가 되겠노라 다짐했다.

비록 이 일로 체포되지는 않았지만 나에 대한 일제의 감시는 더욱 철저해졌다. 설상가상 10월 15일 평양의 대한애국부인회 조직이 드러나 간부들이 대거 검거되면서 나도 덩달아 체포 선상에 올랐다. 더 이상의 국내 활동은 불가능했다.


1920년 11월, 김마리아 선생의 망명을 주선했던 임정 교통부 참사 윤응념의 도움으로, 나는 멸치잡이 배를 타고 중국으로 탈출했다. 애국부인회 간부이자 숭현소학교 동창인 최순덕도 함께했다. 비린내가 진동하는 조그만 배 밑창에 숨어 파도에 시달리기를 며칠, 마침내 무사히 상하이에 도착했다는 말에 우리는 얼싸안고 기뻐했다. 우리는 임시 의정원 의장이었던 손정도 목사 댁에 한동안 머물며 진로를 모색했다. 그 댁에는 10대인 딸 둘이 있어선지 우리처럼 신세 지는 여학생들이 여럿 있었다.

나는 그곳에서 안창호, 이동휘 등 많은 임정 요인들을 만났는데, 가장 기억에 남는 건 노백린 군무총장이었다. 제1차 세계대전을 통해 일찍이 공군의 중요성을 깨달은 그는 미국에 있을 때 캘리포니아에 독립군을 위한 비행기 학교를 설립해 비행사를 양성했으며, 당시 상하이에서도 비행기 학교를 만들려 애쓰고 있었다. 그분을 만나자 잊고 있던 꿈이 떠올랐다.

1917년 가을의 일이었다. 미국인 비행사 아서 스미스가 경성에 이어 평양에서 곡예비행을 펼쳤다. 나는 그날 비행기를 처음 보았고 엄청난 충격을 받았다. 비행기는 창공을 자유자재로 날며, 솟구쳤다 뒤집었다 갖은 재주를 부렸다. 구름처럼 모인 사람들은 탄성을 쏟아냈다. 이윽고 비행기가 흰 연기를 붓 삼아 파란 하늘에 'SMITH(스미스)'라고 썼다. 바로 그 순간 나는 결심했다. '비행사가 되겠다! 비행기를 몰고 일본으로 날아가 천황의 머리 위에 폭탄을 떨어뜨리겠다!'

노백린 총장과의 만남은 그날의 결심을 일깨웠다. 나는 이제야말로 비행사가 되어 조선의 하늘을 지킬 때라고 생각했다. 그러려면 먼저 중국어와 영어를 비롯해 많은 걸 공부해야 했다.

1921년 봄, 나는 조선인 학생들이 많은 난징을 피해 김순애 선생이 추천한 항저우(항주)의 훙다오(홍도, 보통 훙따오라고 함)여자중학교에 입학했다. 처음엔 말이 안 통해 힘들었지만 방학 동안 미국인 선교사 집에서 가사도우미를 하며 영어를 배운 덕에 1923년 우수한 성적으로 졸업할 수 있었다.

기본 학력을 갖춘 나는 본격적으로 비행사 교육을 받기 위해 나섰다. 당시 임시정부에서는 안창호와 노백린이 앞장서 비행기를 구입하고 비행사 양성을 추진했다. 하지만 미국의 비행기 학교마저 자금난으로 폐교될 만큼 상황은 여의치 않았다. 결국 임시정부는 중국의 항공학교에 위탁 교육하는 길을 택했다.

중국에는 네 개의 항공학교가 있었다. 하지만 두 곳은 여자라고 받아주지 않았고, 입학을 허가한 광동학교는 비행기가 한 대도 없어 내가 거절했다. 이제 남은 것은 윈난항공학교뿐이었다. 편지로 입학을 문의했다간 거절당하기 십상이라 나는 임시정부 재무총장 이시영과 중국인 혁명가 방성도의 추천장을 들고 직접 윈난(운남)으로 갔다. 상하이에서 윈난까지 가려면, 배로 하이난섬(해남도)에서 베트남의 하이퐁항으로 간 뒤 거기서 다시 열차를 타야 했다. 거의

한 달이 걸리는 먼 길이었지만 그곳이 유일한 희망이었기에 직접 가서 부딪칠 수밖에 없었다.

마침내 윈난에 도착한 나는 바로 윈난성을 책임진 독군 겸 성장 탕지야오를 찾아갔다. 탕지야오는 조선 독립운동의 상황에 대해 물어보더니, 항공학교 교장에게 입학을 허가하라는 편지를 써주었다. 나는 날 듯이 학교로 달려갔다. 마침 신·구 교장의 이취임식이 있었는데, 신임 교장이 어떻게 여자를 군대에 들이냐며 불평하자 전임 교장이 "당신은 독군의 명령을 따르기만 하면 되오" 하며 내 편을 들어주었다. 덕분에 나는 무사히 제1기생으로 입학할 수 있었다. 두 달 뒤 중국 여학생 두 명이 더 들어왔으나 그들은 비행기에 타보지도 못한 채 학교를 떠났다.

1기생 중에는 이영무, 이춘, 장지일 등 세 명의 조선 남학생들이 있었다. 뒤늦게 입학한 나는 동기들을 따라가기 위해 우등생에게서 개인 교수를 받기도 했다. 수업 중 가장 어려운 것은 정비였다. 하지만 자신이 타는 비행기는 본인이 직접 정비할 줄 알아야 했기 때문에 나는 이를 악물고 공부했다.

1924년 봄 비행 적성검사를 무사히 통과한 나는, 그해 7월 드디어 혼자 조종간을 잡고 단독비행에 성공했다. 불과 5분 남짓의 짧은 비행이었지만 그때의 감격은 이루 말할 수

권기옥

없었다. "폭탄을 안고 일본으로 날아가리라"는 꿈에 한걸음 다가선 것이었다. 나는 이 기쁜 소식을 임시정부에서 비행기를 마련하려 애썼던 안창호 선생에게 가장 먼저 알렸다.

이 무렵 일제는 평양을 탈출한 내가 항공학교에 다닌다는 사실을 알고 첩자를 보내 나를 살해하려 했다. 나는 이영무, 장지일과 함께 첩자를 공동묘지로 유인해 사살했다. 일본 영사관에서는 이를 빌미로 탕지야오 성장에게 나를 넘기라고 요구했다. 성장은 학교에 조선인 학생은 한 명도 없다고 부인했고, 이에 일제는 언제 어디서든 나를 보면 죽이겠노라고 공공연히 협박했다. 이후 졸업할 때까지 나는 학교 안에서만 생활했다. 1925년 2월 말 마침내 나는 항공학교를 졸업했다. 39명이 입학해 졸업생은 26명, 그중 여성은 나 하나였다.

어엿한 비행사가 된 나는 학교에서 몇 달간 견습 비행사로 훈련한 뒤 상하이로 돌아왔다. 그리고 임시정부에 비행기를 구해달라고 요청했다. 드디어 조종사가 되었으니 당장이라도 조선으로 날아가 조선총독부에 폭탄을 투하하고 싶었다. 하지만 임정은 비행기는 고사하고 청사를 유지할 돈조차 없어 쩔쩔매는 형편이었다.

힘들게 공부한 조종술을 썩히고 있자니 답답했다. 이듬해 나와 이영무는 광저우에 있는 여운형을 찾아갔다. 우리의 고민을 들은 여운형은 조선 독립운동에 호의적인 군벌

평위샹(풍옥상)의 항공대에 들어가라고 권했다. 그곳에는 이미 조선인 비행사 서왈보가 소좌로 복무하고 있었다. 나는 항공대 대장인 서왈보 밑에서 비행술을 연마하며 일본과 싸울 날을 기다렸다. 그러나 불행히도 서왈보는 1926년 5월 신형 비행기를 시범 운행하다 추락사하고 말았다. 얼마 안 가 평위샹군은 친일 군벌 장쥐린군에 밀려 내몽골로 퇴각했고, 결국 국민당에 통합돼 항공대도 해산되었다.

내가 국내에 알려지기 시작한 것은 그즈음이었다. 동아일보, 매일신보, 시대일보 등 국내 신문에 나에 관한 기사가 실린 것이다.

> "오직 한 사람뿐이던 조선 여자비행가로 한번 진중에 나타날 때는 군인의 정신을 뺄 만큼 미인의 용모를 가진 권기옥 양도 그의 연인 이영무 비행사와 함께 … 국민군 제일 비행대에 나서서 남다른 천재를 발휘하여 많은 공로를 나타냈었는데…."
>
> _《동아일보》 1926년 5월 21일 자

> "오직 한 사람의 여류 비행가며 겸하여 미인으로 유명해 지나(중국)군인의 간담을 울렁이게 하던 권기옥 양은 그의 애인으로 같은 비행가인 이영무 군과 같이 국민군 제일 비행대에 참가하였더니 사월 십오일부터 그 부부의 형용은 베이징에

서 다시 볼 수 없이 되었으며…."

_《매일신보》 1926년 5월 21일 자

기사를 보고 나는 실소했다. 일제의 검열 때문이라 해도 내가 중국 군대까지 가서 비행사로 활동하는 이유에 대해서는 설명하지 않고 "꽃 같은 여류비행사" 따위의 말만 가득한 데다, 동지인 이영무를 연인이라 하니 어이가 없었다. 수많은 여성이 독립을 위해 목숨을 걸고 싸우고 있건만 여자를 보는 세상의 눈은 변함이 없구나 싶었다. 그래도 신문 기사 덕분에 가족 친지들이 내가 조종사가 되어 전장을 누비고 있다는 걸 알게 되었으리라 생각하니 조금이나마 위안이 되었다.

내몽골에서 고생하던 시절, 나는 서왈보의 소개로 알게된 독립운동가 유동렬 장군과 이상정과 친하게 지냈는데 그러다 이상정과 가까워졌다. 그는 일본 유학 후 고향인 대구에서 교사를 하며 용진단이란 조직 활동을 하다가 1925년에 중국으로 망명했는데, 그의 동생은 〈빼앗긴 들에도 봄은 오는가〉로 유명한 시인 이상화였다. 형인 이상정 역시 장제스(장개석)가 "글 잘하는 이 장군"이라 감탄할 정도로 문장이 뛰어났다. 앞날이 보이지 않는 캄캄한 시절, 이상정과 나는 독립이라는 같은 뜻을 가진 동지애로 하나가 되어 1926년 10월 조촐한 결혼식을 올렸다.

1927년 우리는 북벌하는 국민혁명군을 따라 상하이로 이동했다. 남편은 만주로 가자고 했지만, 국민혁명군이 항저우와 상하이를 점령하면 공군을 만들리라 생각했기 때문에 나는 상하이를 고집했는데, 과연 그렇게 됐다. 나는 동로항공사령부東路航空司令部에 들어가 군벌들의 무기와 비행기를 접수해 진용을 갖췄고, 남편도 통역으로 내 일에 동참했다.

그해 4월 장제스가 국공합작을 깨고 난징에 국민정부를 수립하면서 항공대가 새로 발족한 항공서로 흡수되었으므로 나도 난징으로 옮겨갔다. 나는 상하이와 난징을 오가며 연락·정찰 비행을 했고 전투에 대비해 새벽마다 비행 연습도 거르지 않았다. 국민정부는 조종사들을 후하게 대우했기에 먹고사는 건 걱정이 없었으나 조국 독립을 위해 아무것도 하지 못한다는 생각에 마음은 편치 않았다.

결혼 후 우리 부부는 함께 장제스의 국민당군에서 활동하고 있었다. 그런데 1928년 3월 갑자기 공산주의자 혐의로 체포돼 일본영사관으로 넘겨졌다. 지인의 장례식장에서 의열단원들을 만난 것이 반공을 내세운 국민당의 반감을 산 듯했다. 우리는 한 달 넘게 잡혀 있다가 국내로 호송되기 직전, 중국인 유력자들의 도움으로 간신히 풀려났다. 일제를 몰아내기 위해 모두 힘을 합쳐도 모자랄 판에 반공을 앞세워 일제와 손을 잡은 국민당이 못마땅했지만,

권기옥

중국에서 활동하는 우리에게는 조심하는 것뿐, 다른 길이 없었다.

무사히 풀려난 뒤 나는 다시 항공대에 복귀했다. 1931년 만주를 점령한 일본군은 이듬해 일본인 보호를 명목으로 상하이사변을 일으켰다. 이제까지 반일보다 반공에 몰두하던 장제스도 수도 난징과 상하이가 공격을 받자 결사항전에 나섰다. 나는 비행기를 몰고 정찰 임무를 수행했고, 폭탄을 싣고 나가 폭격에 가담하기도 했다. 3월 3일 상하이사변이 끝난 뒤 전장에서의 공로를 인정받아 무공훈장을 받았다.

이후 나는 중앙항공학교에서 500여 명의 소년 공군을 교육했고, 한편으로는 김원봉이 설립한 조선혁명군사정치간부학교의 학생 모집원과 연락원으로도 활동했다. 당시 김원봉의 의열단은 활동지를 국민정부가 있던 난징으로 옮기고 중국 정부의 후원 아래 간부학교를 설립해 독립군 장교를 육성하고 있었는데, 나는 여건 때문에 중국군으로 활동하고 있었지만 어떻게든 조선 독립투쟁에 힘을 보태고 싶었다.

1935년 항공위원회 부위원장이던 쑹메이링(송미령)이 내게 선전비행을 제안했다. 장제스 총통의 부인이기도 한 쑹메이링은, 비행기를 두려워하는 중국 청년들의 공군 지원을 독려하기 위해 여성 비행사의 선전비행을 추진했다.

미국 출신의 중국 여성 비행사 이월영과 내가 적임자로 뽑혔고, 미국에서 선전비행용 비행기까지 주문해 들여왔다. 비행은 상하이와 베이징을 오가는 화북선으로 시작해 화남선, 남양선 등 3차로 기획됐는데, 마지막 남양선의 종착지는 일본 도쿄였다. 나는 쾌재를 불렀다. 선전비행을 하다 그대로 일본으로 날아가 황궁을 폭격할 작정이었다.

하지만 선전용 비행기가 성능시험 중 훼손되어 일정이 연기되면서 일이 꼬이기 시작했다. 이즈음 일본이 베이징 인근의 펑타이를 점령하자 베이징에서 대학생들이 대대적인 항일 시위를 일으켰다. 정국이 불안해지자 결국 선전비행 계획은 무산되고 말았다. 또 한번 내 꿈이 좌절된 것이다. 얼마 뒤 나는 항공대가 아닌 공공도서관으로 발령을 받았다. 갑자기 조종대를 놓고 도서관에서 일하라니 어이가 없었지만 따를 수밖에 없었다.

그러나 나쁜 일은 그걸로 끝나지 않았다. 도서관에서 근무하던 1936년 여름, 나는 남편과 함께 일본 밀정이라는 누명을 쓰고 중국 감옥에 수감되었다. 영문도 모른 채 8개월이나 갇혀 있다가 1937년에야 무혐의로 풀려났다. 중국인들 말로는 임시정부 쪽 사람에게서 나와 남편이 밀정이라는 밀고가 들어왔다는데 도무지 누가 그런 짓을 했는지 알수가 없었다. 아무튼 이 사건으로 나는 비행에서 완전히 손을 떼게 되었다.

권기옥

1937년 7월 중일전쟁이 발발했다. 일제의 대대적인 침략에 맞서 중국 국민당과 공산당은 다시 국공합작을 이루었고, 조선 독립운동 진영에서도 이념을 떠나 통일전선을 만들자는 움직임이 활발해졌다. 그사이 일본군의 공세에 밀린 국민정부는 난징을 떠나 한커우에서 충칭으로 이동했다. 우리 부부도 김원봉, 박차정 부부 등 90명 가까운 조선민족혁명당 관련자들과 함께 한커우로 옮겼다.

그해 11월 마침내 조선민족전선연맹이 조직되었다. 조선민족전선연맹은 의열단을 중심으로 한 조선민족혁명당과 김성숙이 이끄는 조선민족해방동맹, 유자명의 조선혁명자연맹 등이 함께한 연합조직이었다. 우리 부부는 조선민족전선연맹 창립선언식에 참여했는데, 조직에 직접 가담하지는 않았지만 독립운동 진영이 연대해야 한다는 대의에는 공감했기 때문이었다. 민족전선은 조선의용대를 창설해 항일 무장투쟁에서 혁혁한 전과를 올렸다.

얼마 뒤 우리 부부는 국민정부가 자리한 충칭으로 향했다. 남편 이상정이 국민정부의 육군참모학교 교관에 임명됐기 때문이다. 이듬해 봄, 우리는 충칭에 도착하여 소장교관少將教官으로 임명된 남편은 물론 나도 민간인 신분으로 육군참모학교에 합류했다. 나는 교관으로서 영어, 일어, 일본인 식별법, 일본인 성격 등을 가르쳤다. 그리고 교관 활동 외에도 일본어 라디오 방송을 듣고 그 내용을 군사통계국에 제출하는 정보 수집 업무를 맡아 했다.

1940년 가을, 일본군을 피해 항저우 등 여러 곳을 전전하던 임시정부가 충칭으로 옮겨왔다. 얼마 뒤 김원봉의 조선민족혁명당이 합류하면서 임시정부의 외연이 넓어졌다. 우리 부부는 한동안 소원했던 임시정부에 참여했다. 나는 명실상부한 통일전선을 위해 김순애, 방순희 등을 찾아가 부인 단체를 통합하자고 제안했다. 1943년 봄, 마침내 한국애국부인회가 재조직되었다. 나는 여기서 사교부 주임을 맡아 한국의 완전독립과 여남의 평등한 권리를 위해 노력했다.

부인회 활동과 함께 내가 중점을 둔 사업은 임시정부에 비행대를 편성하는 것이었다. 1943년 여름, 나는 중국 공군에서 활동하던 최용덕과 손기종 등 한국인 비행사들과 만나 한국광복군 비행대 건설을 위한 계획을 수립하였다. 그러나 이런 노력이 결실을 채 맺기도 전에 갑자기 해방이 찾아왔다.

1945년 8월 15일 나는 집에서 라디오를 통해 일왕의 항복 방송을 들었다. 그토록 원하던 독립이 현실이 되었건만 마음은 이상하게 허탈했다. 우리 부부는 상하이로 가서 교민들을 돕다가 남편이 시어머니의 사망 소식을 듣고 1947년 10월 먼저 귀국했다. 그런데 한 달쯤 지났을까. 동생 기복으로부터, 남편이 갑작스런 뇌일혈로 본처 집에서 쓰러졌다는 편지가 왔다. 그가 죽은 뒤에야 나는 그에게 아내와 자식이 있었다는 것을 알았다. 쓸쓸했지만 당시엔 그런 일이 흔하기도 했고, 또 부부애보다는 동지애로 맺어진 관계여서 담담히 받아들일 수 있었다.

1948년 8월 잠시 귀국했던 나는 1949년 고국으로 완전히 귀환했다. 그리고 제헌국회 국방위원회 전문위원으로서 한국군 특히 공군 창설에 힘을 보탰다. 이후 1957년부터 16년 동안 《한국연감》 발행인으로 일했는데, 그 덕에 최초의 여성 출판인으로 불리기도 했다. 중국과의 오랜 인연으로 1966년부터 10년간은 한중문화협회 부회장을 역임했고, 1975년에는 젊은이들이 일본을 넘어 발전하길 바라는 마음으로 전 재산을 장학사업에 기부했다. 이렇게 바삐 뛰어다닌 덕에 1968년에는 대통령 표창을, 1977년에는 독립장을 받았다.

세간에서는 나를 한국 최초의 여성 비행사라고 한다. 찬사라고 하는 말이지만 나는 별로 좋지 않다. 내가 비행기를 조종한 것은 '최초'라는 타이틀이나 '여성 비행사'라는 이름을 얻고 싶어서가 아니라 조국의 해방을 위해서였기 때문이다.

비록 일제의 머리 위에 폭탄을 투하하겠다는 꿈은 이루지 못했어도, 하늘을 날며 조국을 위해 일하겠다는 소망은 이루었으니 내 삶에 무슨 여한이 있겠는가. 1988년 4월 19

일, 나는 여든일곱 짧지 않은 인생을 뒤로 하고 푸른 하늘을 향해 새로운 비상을 시작했다.

처음 비행을 하던 그날처럼, 고독하게 그러나 자유롭게, 나는 날았다. 창공은 언제나처럼 가이없었다.

## 장군을 위하여

— 1907-1949

# 김
# 명
# 시 [30]

"무정 장군과 부관인 김명시 장군이 뒷다리 쭉 빠지고 훨씬 키 높은 백마 타고 종로통 거리를 지나가는데 모두들 손바닥이 터지라고 손뼉을 쳤어요. 그러면서 목이 터지라고 외쳤지. 무정 장군 만세! 김명시 장군 만세!"

빨치산 출신 늙은 스님의 회고 중에서

**김명시 초상**

윤석남, 2020년,
한지 위에 채색,
10×94cm, 작가 소장

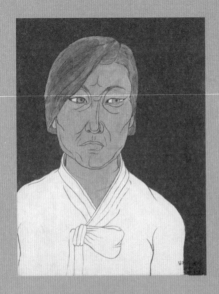

**위) 김명시 채색 드로잉**
윤석남, 2020년, 한지 위에 채색,
45×34cm, 작가 소장

**아래) 김명시 연필 드로잉**
윤석남, 2020년, 종이 위에 연필,
45×34cm, 작가 소장

해방되고 잠깐 기자 생활을 한 적이 있었다. 5년이 채 안 되는 짧은 기간이었지만 내 인생에서 가장 많은 사람을 만나고 가장 많은 것을 배운 시기다. 존재 자체로 나를 가르쳤던 인물들. 그들 대부분은 지금 존재도 없다. 비명에 가거나 오명을 뒤집어쓰고 사라졌다. 김명시도 그런 이 중 하나다. 그를 만나지 않았다면 나는 지금도 굽은 붓을 휘두르며 세상을 속이고 있을지 모른다. 1946년 겨울 그날, 그를 만나지 않았다면….

인터뷰를 하기 위해 찾아간 작고 썰렁한 집에서 김명시를 만났다. 첫인상은 당혹스러웠다. 여장부를 그리며 찾아갔는데 조그만 아낙네가 있었다. 이 왜소한 여자가 그 유명한 김명시 장군이라고? 의심을 잘라내듯 여인이 말했다.

"앉읍시다."

나직한 그러나 단호한 말투. 김명시였다.

마주 앉은 그에게선 한 치의 빈틈도 보이지 않았다. 숨이 턱 막혔다. 기세에 눌리면 좋은 기사를 쓸 수 없다. 숨을 고르고 눈앞의 얼굴을 똑바로 쳐다봤다. 오랜 풍찬노숙의 흔적일까, 낯빛이 검었다. 밤에 뜬 별처럼, 깊은 눈이 내 시선을 받았다.

"저 같은 사람은 상상하기도 힘든 싸움을 긴 세월 해오신 것으로 압니다. 투쟁하신 그 이야기를 좀 들을까요?"

"열아홉 살 때부터 오늘까지 21년간의 투쟁인데 나 혼자 생각하면 눈물겨운 적도 있지요. 하지만 돌아보면 아무 얻은 것 하나 없이 빈약하기 짝이 없는 기억뿐입니다."

나도 모르게 눈을 치떴다. 김명시는 웃음기 하나 없이 진지한 표정이었다.

"겸사가 지나치십니다. 3·1운동 때 만세 한 번 부른 것으로 독립투사를 자처하는 인사가 한둘이 아닙니다. 한데 21년을 하루같이 최전선에서 싸우신 분이 이룬 게 없다니요!"

"다른 사람이야 어떻든 내겐 내 과업이 있는 것이니까요."

나는 잠시 말을 잊었다. 빠르게 툭 내뱉는 한마디에 그의 자부와 회한이 모두 담겨 있었다. 비로소 그 많은 사내가 이 작은 여인을 기꺼이 장군이라 부른 이유를 깨달았다. 궁금했다. 평범해 뵈는 한 여자가 어떻게 해서 이처럼 큰사람이 되었을까? 무엇이 그를 이토록 강하게 만들었을까? 바위처럼 단단한 심성은 천성일까, 훈련일까? 널뛰듯 일어서는 질문들을 속으로 고르며 나는 입을 열었다.

"열아홉에 투쟁전선에 뛰어들었다 하셨는데 특별한 계기가 있으셨습니까? 원래 집안이 대단한 혁명가문이란 이야기는 들었습니다만…"

"대단한 가문이라니, 천만의 말씀입니다. 내가 1907년 정미년에 마산서 났습니다. 집이 마산포 언덕배기에, 그야말로 빈민촌에 있었지요. 위로 오빠 하나 있고 아래로 남동생과 여동생 4형제[31]였는데, 아버지는 일찍 돌아가시고 어머니가 생선 행상을 해서 우리 형제들을 키웠습니다. 팔다 남은 생선이나 부두에서 얻은 생선 찌꺼기로 죽을 끓이면 비린내가 진동했지만 그마저도 없어서 못 먹을 만큼 가난한, 그야말로 프롤레타리아였지요.

그런데도 우리 어머니는 자식들을 학교에 보냈습니다. 장남인 오빠만이 아니라 나도 마산공립보통학교에 다녔지요. 우리가 살던 구마산 산동네에서 딸을 학교에 보낸 집은 우리 집밖에 없을 겁니다. 돈이 없어서 오빠는 보통학교를 졸업하고 2년제 간이농업학교에 들어갔다가 한 학기 만에 중퇴했는데, 나는 1924년에 졸업하고 서울 배화여고로 유학까지 갔습니다. 오빠가 점원도 하고 부두 노동도 하다가 미곡창고회사에 취직해서 학비를 대준 덕이지요. 다른 집들은 딸이 돈 벌어 오빠 공부시키는데 우리 집은 정반대였어요. 어머니도 그렇고, 오라버니가 참 깨인 분이었지요."

"그 오빠가 바로 마산공산당을 결성한 김형선 동지지요?"

"그렇습니다. 1924년에 마산공산당과 마산공산청년회를 결성했지요. 그런데 내가 배화여고에 들어가고 얼마 안 돼서 오빠가 회사에서 잘리고, 학비 조달이 여의치 않아서 1년 만에 학교를 그만뒀습니다. 1925년 4월에 조선공산당이 결성되면서 오빠는 당과 고려공산청년회 마산야체이카에 속해 활동했고, 나도 그해 여름에 고려공산청년회에 들어가 활동을 시작했습니다. 그러다 10월에 유학생으로 뽑혀서 모스크바 동방노력자공산대학에 입학했지요. 3년간 학비에 생활비까지 지원받으면서 지리·수학·생물·화학·물리학 등 자연과학 일반을 배우고 유물론·변증법·세계혁명사 등을 공부할 수 있는 기회라 정말 기뻤습니다.

지금도 모스크바 유학 시절을 생각하면 미소가 떠오릅니다. 돈 걱정 없이 공부에만 전념할 수 있었고 중국, 베트남, 인도 등 여러 나라에서 온 혁명가들과 함께 공부하며 내 좁은 시야를 확 넓힐 수 있었지요. 그때 공부하면서, 자신들도 어려운데 그런 기회를 준 소비에트 러시아 인민들에 대한 고마움과, 식민지 조선에서 고생하며 나를 거기까지 보내준 우리 어머니와 동포들에게 미안함을 느꼈습니다. 항일혁명가로서 깊은 책임감을 갖게 되었지요."

"말씀을 듣다 보니 어머니가 보통 분이 아닌 것 같습니다. 동생인 김형윤 동지도 마산과 진해에서 노동조합운동에 적극 참여했다고 들었는데, 어떻게 자식 셋을 혁명가로 키우셨는지, 어머님의 남다른 교육법이 있었습니까? 어떤 분이셨습니까?"

"우리 어머니 존함이 김인석인데, 당신은 학교 문턱에도 가보지 못했고 혼자 자식들을 키우느라 안 해본 고생이 없으셨습니다. 하지만 세상 보는 눈은 누구보다 밝으셨지요. 독립하려면 힘이 있어야 한다며 없는 살림에도 우리를 가르치셨고, 3·1운동 때는 태극기를 만들어 사람들에게 나눠주고 맨 앞에서 만세를 부르셨습니다. 그 바람에 일본 놈들에게 끌려가서 온몸이 새까매지도록 맞고… 결국 그때의 고문 후유증으로 평생 고생하시다 해방도 못 보고 돌아가셨답니다. 우리 형제들의 민족정신은 모두 어머니께 물려받은 것입니다."

나는 시종 꼿꼿하던 눈매가 그리움으로 아련해지는 걸 보았다. 모전여전이라더니, 천하의 여장부에겐 그에 버금가는 어머니가 있었던 것이다. 다 식은 보리차로 입을 축인 김명시가 다시 말을 이었다.

"다시 투쟁한 이야기를 하자면, 1925년에 공산대학에 들어가서 1년 반쯤 공부하다가 1927년도에 코민테른, 즉 공산주의 인터내셔널에서 파견해 상하이로 갔습니다. 거기서 조선공산당 활동하다 망명한 홍남표, 조봉암 씨와 중국공산당 한인특별지부를 조직했지요. 또 대만, 필리핀, 몽골, 베트남, 인도 등 우리처럼 제국주의 열강 때문에 고통받는 여러 나라 운동가들과 함께 동방피압박민족 반제자反帝者동맹을 만들었습니다.

무정 장군도 그때 상하이에서 알게 되었습니다. 무정 장군은 중국 군관학교를 나와서 일제와 싸웠는데 워낙 무공이 출중해서 당시에도 꽤 유명했어요. 1927년 국민당이 공산주의자들 숙청할 때 사형 선고를 받았는데 1만여 명의 학생이 석방하라고 시위를 했을 정도니까요.”

“그때 중국에서 국민당과 공산당 사이에 내전이 벌어지기도 했으니 활동하기가 힘드셨겠습니다. 코민테른의 방침을 두고도 논란이 많았고.”

“일본제국주의하고 싸우려 나섰는데 자꾸 다른 싸움을 하게 되니 마음이 편치 않았지요. 나는 상하이에서 활동하다가 1929년에 홍남표 씨와 만주로 가서 조선인들을 모아 반일동맹을 결성하고 기관지《반일전선》을 제작했는데, 만주는 일본의 식민지나 다름없어 활동에 어려움이 많았지만 힘든 만큼 보람도 컸습니다. 하지만 당시 코민테른의 ‘일국일당’ 원칙에 따라 조선공산당 만주총국을 해체하고 당원들을 중국공산당에 가입시킬 때는 내부의 반발도 그렇고, 정말 힘들었습니다.

그러다 1930년에 동만폭동이라고, 5월부터 몇 달 동안 간도 일대에서 반일투쟁이 일어났습니다. 우리도 5월 30일 밤에 하얼빈 일본영사관을 치러 갔습니다. 총탄이 빗발치는 전투에 300여 명의 조선인 무장대와 함께 참여했는데, 죽을 고비를 겪긴 했지만 일제와 싸우는 게 마음이 시원하더군요. 전투가 끝난 뒤에는 적의 삼엄한 경계를 피해 걸어서 상하이로 복귀했습니다.”

"만주에서 상하이까지 걸어서 갔다고요?"

"네! 흑룡강을 넘어 치치하얼(제제합이)을 거쳐 톈진에서 상하이까지 걸어왔지요. 정말이지 그때의 고생을 생각하면 지긋지긋합니다. 상하이에 갔더니 모스크바에서 코민테른 조선위원회 위원으로 김단야, 박헌영 씨가 와 있더군요. 그이들이 당시 국내에서 공산당 재건운동을 하던 오빠를 지원하라 해서 나는 바로 인천으로 들어왔습니다."

"오랜만에 조국 땅을 밟은 감회가 각별했을 것 같습니다."

"감회라기보다 그야말로 일제의 힘이 미치지 않는 데가 없이 완연한 식민지가 되어 있더구먼요. 나는 제물포에 아지트를 마련하고, 《콤무니스트》《태평양노조》 같은 기관지를 비밀리에 인쇄해 돌리면서 은밀히 배포망을 구축해갔습니다. 형선 오빠는 주로 경성에서 활동하고, 나는 인천에서 제사공장과 성냥공장에 다니는 여성 노동자들을 상대로 교육하고 조직했지요. 빠른 시간에 제법 성과가 있어서 1932년 성냥공장 파업을 시도했는데, 동지 중에 배신자가 생기는 바람에 5월 메이데이 날 조직이 발각되고 말았습니다.

간신히 경찰을 따돌린 나는 경성의 고명자 씨를 찾아갔습니다. 공산대학에서 함께 공부한 동지인데 그이가 여비 40원을 마련해줬습니다. 국내에는 숨을 곳이 없어 해외로 탈출해야 했지요. 그때부터 혼자 3개월을 걸어서 신의주까지는 무사히 갔는데, 국경을 넘기 직전 압록강 백마강역 부근에서 일제 고등경찰에게 체포되고 말았습니다. 나중에 알고 보니 조직에 배신자가 있었더군요.

경찰이 몇 번이나 나를 놓쳤다가 마침내 잡히니까 그간의 분풀이를 어찌나 해대던지… 그때 임신 중이었는데 배를 심하게 맞아서 유산이 돼버렸습니다. 그렇게 고문을 해대면서 나를 이른바 '조선공산당 재건 사건' 주모자로 만들었지요. 결국 그 사건으로 조봉암 씨는 7년형을 선고받고 나는 6년형을 받아서, 예심까지 합치면 꼬박 7년을 신의주형무소에서 옥살이를 했습니다. 스물다섯부터 서른두 살까지 내 젊음을 완전히 옥중에서 보낸 셈이지요."

"듣기로는 그 무렵 김형선 동지도 체포돼 8년형을 받고 서대문형무소에 수감되고, 동생 형윤 씨도 적색교원회 사건으로 5년형을 선고받아 부산에서 감옥살이를 했다지요?"

"예. 3남매가 같은 해에 북부, 중부, 남부로 나눠 각각 징역을 살았습니다. 조선 팔도가 다 감옥인 식민지에서 그 정도야 각오한 바지요. 다만 오빠가 형기를 다 채우고도 일제가 가둬두는 바람에 해방 때까지 감옥살이를 한 게 억울할 뿐입니다."

참 기막힌 세월을 살았구나 싶어 한숨이 나왔다. 하지만 김명시는 덤덤할 뿐이다.

"신의주형무소는 독립투사들 사이에서도 악명 높은 곳

아닙니까?"

"내가 모스크바며 만주며 춥다는 데는 다 살아봐서 추위엔 제법 단련이 된 사람인데 거기 추위는 정말이지 견디기 힘듭디다. 나도 발에 동상이 걸려서 오래 고생했지만, 함께 옥고를 치른 조봉암 씨는 고문당한 손가락이 동상으로 썩는 바람에 일곱 마디나 잃었지요."

"허, 끔찍하네요. 그런 일을 겪으면 다시 운동에 뛰어들기가 망설여질 것 같은데…"

"웬걸요! 강철은 뜨거운 불길 속에 단련되고 사람은 시련을 통해 단단해지는 법이지요. 1939년 신의주형무소에서 만기 출옥했는데 나는 감옥에서 나오자마자 전선으로 달려갔습니다. 그때 일제가 전시체제를 강화하면서 창씨개명을 강요하던 시기라 국내에서는 항일투쟁을 하기 어려워서 한밤중에 강을 건너 중국으로 탈출했습니다.

처음엔 중국공산당 팔로군에 입대해 톈진, 지난(제남), 베이징 지역에서 싸웠습니다. 일각에서는 중국 군대에서 싸운 게 조선 독립에 무슨 도움이 되느냐고들 하는데, 일제가 조선, 대만, 중국, 동남아시아로 국경을 넘어 계속 세력을 확대하는 상황에서 그에 맞서 싸우는 이들이 국가와 민족을 넘어 연대하는 것은 당연한 일이지요. 연합군이란 말이 왜 나왔겠습니까?"

그가 잠시 말을 멈추고 숨을 골랐다. 피로해 보였다. 쉬었다 할까요, 물으려는 순간 그가 다시 말을 이었다.

"그러다 무정 장군이 조선의용군에 있다는 연락을 받고 옌안으로 갔습니다. 나는 1929년 상하이폭동 때 무정이 죽었다고 들었기 때문에, 처음엔 무정 장군이 날 찾는다는 말을 안 믿었습니다. 그래도 조선의용군에 합류할 작정으로 2만 5000리 길을 밤낮으로 달려서 화북지역 의용군 부대를 찾아갔지요. 한데 가보니 무정이 대장정을 성공으로 이끈 핵심 주역으로, 중국 팔로군도 존경하는 대장군이 되어 있더군요. 진짜 살아 있는 전설이 된 거죠, 하하!

그날부터 나는 장군 휘하에서 조선의용군 화북지대 여성부대 지휘관을 맡아 최전선에서 선전전을 펼쳤습니다. 적의 진지 바로 앞에까지 가서 일본말로 조선인 학병과 일본인 사병들을 상대로 선무공작을 하는, 생각보다 위험한 일이었지요. 또한 1942년 결성된 조선독립동맹의 베이징·톈진 책임자로 허정숙과 여성동맹을 꾸리기도 하고 조선의용군을 모집하는 임무도 맡았습니다. 적의 점령지구에 들어가서 모병 활동과 선전전을 했는데 다들 얼마나 열심인지, 사방 담벼락에 우리 병사들이 우리말로 쓴 항일구호가 적혀 있었습니다. 그 먼 중국 땅에서 우리말 구호를 보면 나도 모르게 눈물이 났지요.

나중에는 조선의용군이 일본군에 맞서 싸운 후자좡(호가장) 전투, 타이항산(태항산) 전투 등의 활약상이 널리 알려져서 따로 선전을 안 해도 지원자가 몰려들었습니다. 그 수가 수천을 헤아릴 정도였으니, 조금만 시간이 있었다면 우리 손으로 해방을 이뤘을 겁니다."

내내 담담하던 그의 얼굴에 처음으로 짙은 그늘이 드리웠다. 내가 느끼는 답답함과는 비교도 할 수 없는 복잡한 심경이리라. 화제를 바꿨다.

"귀국하고 모처럼 가족들도 만나고 여러 일이 있으셨을 텐데 가장 기쁜 일은 뭔가요?"

"해방이 되고는 오히려 기쁜 적이 드문 것 같습니다. 조선의용군 수천 명과 함께 당당하게 귀국하고 싶었으나, 미국이 임시정부의 집단 귀국을 막은 것처럼 소련이 막는 바람에 무산되고, 조선독립동맹 동지들도 뿔뿔이 들어와서 남북으로 흩어지고 말았지요.

그나마 기쁜 일이라면, 지난겨울 우리 의용군의 전투를 담은 김사량 동지의 연극 〈호접〉을 보고 나와서 무정 장군과 말을 타고 거리를 행군했던 때입니다. 사람들이 종로통을 가득 메우고 '무정 장군 만세!' '김명시 장군 만세!' 외치는데, 말 위에서 그 모습을 본 순간 감개무량합디다. 앞으로도 힘든 일이 첩첩이지만 인민이 주인 되는 나라를 세울 때까지 계속 나아가야지요."

마지막 말은 스스로에게 하는 다짐이었다. 20년간 전장을 누비고도 여전히 최전선에서 스스로를 재우치는 그 모

　　　　　김명시

습에 나는 고개를 들 수 없었다. 그런 내게 그가 "고생했습니다" 하며 처음으로 미소를 지어 보였다. 형형한 눈빛, 소박한 미소. 그것이 내가 기억하는 그의 마지막 모습이었다.

한동안 그는 '여장군'으로 세간의 뜨거운 관심을 받았다. 대표적인 우익신문 《동아일보》가 "조선의 잔다르크"라고 치켜세우고, 일제의 나팔수 노릇을 하던 노천명이 잡지에 〈팔로군에 종군했던 김명시 여장군의 반생기〉를 썼을 만큼, 그는 여론의 칭송과 주목의 대상이었다. 그렇게 1947년까지도 지면에서 간간이 눈에 띄던 그의 이름은, 1948년 남과 북에 각각 정부가 들어선 뒤 자취를 감췄다.

잊혔던 이름이 다시 나타난 것은 1949년 10월 11일, 신문 한 귀퉁이에 실린 작은 기사였다. "북로당 정치위원 김명시 유치장서 자살."[32] 《자유신문》 《동아일보》 등에 실린 짧은 기사로는 '김명시가 자살했다'는 충격적인 사실 외에 알 수 있는 것이 없었다. 그나마 《경향신문》에 좀 더 자세한 내용이 있었다.

"일제 때 연안 독립동맹원으로서 18년 동안 독립운동을 했으며 해방 직후에는 부녀동맹 간부로 있었고 현재 북로당 정치위원인 김명시는 수일 전 국가보안법 위반으로 부평경찰서에 구속되었다 하는데 유치된 지 이틀 만에 철창 속에서 목을 매 자살하였다 한다. 그는 구속되자 동 경찰서 내 독방에 구류되었는데 간수의 눈을 피해 유치장 벽 수도 파이프에 자기의 치마를 찢어서 걸어놓고 목을 걸고 앉은 채로 자살한 것이라 한다. 이 급보를 접한 서울지검에서는 오제도, 선우종원 양 검사가 현장을 검증하였는데 자살로 판명되었다 한다."[33]

 

죽음의 정황은 자세했으나 의혹은 여전했다. 왜냐면 저 짧은 기사에조차 사실이 아닌 내용이 있었기 때문이다. 일단 그가 북로당 정치위원이라는 것은 사실이 아니었다. 경찰서에 잡혀갔다는 날짜도 말하는 사람마다 달랐다. 사망 날짜가 신문마다 다른 것도 이상한 일이었다. 이승만 정부가 발표한 공식 사망 시간은 '10월 5일 오전 5시 40분경'이었다지만 그 또한 얼마나 믿을 수 있을지 알 수 없었다.

그러나 나는 기자로서 죽음의 진실을 밝히지 못했다. 검사의 발표를 고스란히 옮겨 쓴 기사가 사실이 되고 진실마저 되는 현실. 나는 사표를 던졌다. 그것이 어느 치열한 삶에 대한 내 나름의 예의였다. 고작 그것밖에는 할 수 없었느냐고 물으면 할 말이 없다. 그는 죽어 말할 수 없고 나는 살아 있으나 말하지 못하니, 삶과 죽음이 다르지 않음을 새삼 깨달을 뿐이다.

김명시

# 펜 대신 총을 들고

— 1910 - 1944

# 박
# 차
# 정

"우리 조선 여성은 오랫동안 전통적 속박에 의한 가정의 노예일 뿐만 아니라 일본제국주의 약탈시장의 상품으로 임금노동의 노예로 전락하게 되었다. 우리가 일본제국주의를 타도하지 않는다면 우리는 봉건제도의 속박, 식민지적 박해로부터 해방되지 못한다. 또 일본제국주의가 타도된다고 하더라도 조선의 혁명이 정치·경제·사회 등 각 방면에서 진정한 자유·평등의 혁명이 아니라면 우리는 철저한 해방을 얻지 못한다."

1936년 결성한 남경조선부녀회 선언문 중에서

**박차정 초상**
윤석남, 2020년,
한지 위에 채색,
210×94cm, 작가 소장

윗줄, 왼쪽 아래) **박차정 채색 드로잉**
윤석남, 2020년, 한지 위에 채색,
45×34cm, 작가 소장

오른쪽 아래) **박차정 연필 드로잉**
윤석남, 2020년, 종이 위에 연필,
45×34cm, 작가 소장

아버지가 자결하신 것은 내가 여덟 살 때였다. 경술국치 후 탄식과 절망, 분노와 자책의 나날을 보내셨기에 언제고 그런 날이 올 줄 알았으나 막상 일이 닥치자 아득했다.

아버지 박용한은 동래에서 유명한 지식인이었다. 일찍이 신식교육을 받아 보성전문학교를 졸업하고 순종 때 탁지부 주사로 측량기사를 하셨다. 평소 당신 자신에게는 엄격했지만 자식들에게는 너그러웠다. 특히 경술국치를 당한 해인 1910년 5월에 태어난 내게는 못난 어른 때문에 나라 없는 백성이 되었다며 미안해하셨다.

아버지가 자결하신 뒤 어머니는 유복자인 막내 문하까지 다섯 아이를 홀로 키워야 했다. 우리 어머니 김맹련은 동래 기장의 명문가 출신으로 고생을 모르고 살았으나 그때부터는 삯바느질로 생계를 꾸리며 갖은 고생을 했다. 하지만 아버지를 원망하거나 신세 한탄을 하지는 않으셨다. 어머니는 유명한 조선어학자며 조선독립동맹 위원장이었던 김두봉의 사촌누이요, 독립운동가 약수 김두전의 육촌이며, 1920년대 동래 지역의 청년운동을 주도하던 박일형은 고종사촌이었다. 아버지처럼 어머니에게도 반일은 운명이었으니, 우리 형제들이 일찍부터 민족운동에 뛰어든 데는 이런 집안의 영향이 컸다.

1925년 나는 동래일신여학교 고등과에 입학했다. 호주 선교사가 세운 학교였는데 조선어와 조선 역사, 지리 등을

박차정

중요하게 가르쳐서 학생들의 민족의식이 높았다. 3·1운동이 일어났을 때 부산에서 맨 먼저 만세를 부른 것도 일신여학교였다. 나는 이 학교의 학생이 된 데 자부심을 느꼈고 열심히 학교생활을 했다.

이 무렵 경성신학교를 나와서 일본 유학을 다녀온 문희 큰오빠가 친척인 박일형 어른과 함께 조선청년동맹 동래지부를 만들어 활동하기 시작했다. 바로 위 문호 오빠도 동맹의 집행위원을 맡아 힘을 보탰다. 이전까지 기독교소년회에서 활동하던 나는 여학교에 들어갈 즈음 자연스레 청년동맹에 참여하게 됐다. 우리가 모이던 동래청년회관은 부산 지역 청년 항일투사들의 아지트였다. 나는 이들의 높은 이상과 뜨거운 열의에 감화되었다.

청년회로 사회운동에 눈 뜬 나는 학교에서 여러 차례 동맹휴학을 주도했다. 안 그래도 우리 식구들을 주시하고 있던 경찰은 눈에 쌍심지를 켜고 나를 감시했다. 내가 연락책이었기 때문에 어떻게든 경찰을 따돌려야 했다. 궁리 끝에 나는 할머니로 변장해 직접 친구들의 집을 찾아다녔다. 얼마나 감쪽같았는지 경찰은 물론 친구들도 처음에는 못 알아볼 정도였다. 덕분에 동맹휴학은 보기 좋게 성공했다.

운동할 때는 이렇게 적극적이었지만 평소 나는 조용히 책 읽고 글 쓰는 것을 좋아했다. 타고난 성격도 그랬거니와, 어려서 아버지를 잃고 우리 학교를 졸업하고 선생님을 하던 언니마저 병으로 일찍 세상을 뜨자 더욱 그렇게 된 것 같다. 나는 교지에 시, 소설, 수필 등 여러 편의 글을 발표했는데, 특히 1928년 《일신》 2집에는 시 〈개구리 소래〉와 단편소설 〈철야澈夜〉가 나란히 실려 친구들이 놀라기도 했다.

" … 우리 집 뒤에 있는 논 가운데는 / 뭇 개구리 소리 맞춰 노래합니다 / 내 기억의 마음의 향로에서 흘러넘쳐서 / 비애의 눈물이 떨어집니다 / 미지의 나라로 떠나신 언니 / 개구리 소리 듣기 좋아하더니 / 개구리는 노래하건만 / 언니는 이 소리 듣지 못하고 어디 갔을까" 하는 〈개구리 소래〉는 언니를 생각하며 쓴 시였고, 독립투사가 옥사한 뒤 고아가 된 아들딸이 사회의 냉대와 굶주림에 맞서 겨울밤을 밝힌다는 내용의 〈철야〉는 아버지를 잃은 내 마음을 담은 것이었다.

글을 쓰면서 나는 비로소 두 분을 여읜 슬픔에서 벗어날 수 있었다. 글쓰기는 그 자체로 내게 위로가 되었다. 더욱이 친구들이 눈물을 흘리며 감동하는 것을 보자 작가가 되고픈 마음이 들었다. 그러나 엄혹한 세상은 내게 펜을 들고 앉아 있도록 허락지 않았다.

청년운동에 뛰어든 뒤 나와 오빠들은 시도 때도 없이 경찰서에 끌려갔다. 내가 쓴 소설에 대해서도 경찰은 내용이 불온하다며 괴롭혔다. 자식들이 하루가 멀다고 유치장을 들락거리자 어느 날 어머니가 내게 한소리 하셨다.

"니 오라비들은 그렇다 쳐도 너는 가시나잖아. 얌전히 있다 시집이나 가야지, 온 집안 식구들이 이러고 다니니 남 보기 부끄럽고 민망하다."

나는 발끈해서 대꾸했다.

"저는 그런 말씀 하시는 어머니가 더 부끄럽습니다."

그때 착잡한 표정으로 말없이 나를 바라보던 어머니를 생각하면 지금도 가슴이 아프다. 만삭의 몸으로 남편 상을 치르고, 홀로 다섯 아이를 키우다 딸 하나를 잃고 또 궂은일을 겪을까 노심초사했을 어머니. 당시의 나는, 없는 살림에도 우리를 학교에 보내 어엿한 사회인으로 키워낸 어머니가 평소와 다른 말씀을 하는 속내를 헤아리지 못했다. 목숨을 걸어야 하는 투쟁에 겁 없이 뛰어든 어린 딸을 보며 당신이 얼마나 가슴 조였을지 알지 못했다. 아니 어쩌면 알기 싫었는지도 모른다. 이미 항일투쟁에 몸 바치기로 결심한 내게 어머니의 걱정은 무거운 짐이 될 뿐이었으므로.

1926년 6·10만세운동을 계기로 1927년 2월, 비타협적 민족주의자들과 사회주의자들이 함께한 신간회가 조직되었다. 국내에서 처음 민족통일전선이 형성된 것이다. 여성계에서도 좌우를 아우른 전 민족적 단체를 만들자는 움직임이 나타나 그해 5월 서울에서 근우회가 출범했다. 내가 몸담고 있던 '동래여자청년회'는 본디 사회주의 성향이 강했는데, 더 많은 이들과 함께하기 위해 해체를 결정했다. 이듬해 5월 우리는 근우회 동래지회로 새롭게 출발했다.

1929년 학교를 졸업한 나는 근우회 동래지회와 도연합회의 간부를 맡아 본격적으로 활동을 전개했다. 1929년 7월 근우회 제2회 전국대회에서 나는 중앙집행위원과 상무집행위원에 선출되어 조사연구부장과 선전조직부, 출판부의 책임을 맡았다. 당시 큰오빠도 신간회 중앙집행위원으로 활동하고 있었다. 각자 바빠서 자주 보진 못해도 같은 길을 가는 형제가 있으니 든든했다.

그해 11월 광주학생운동이 일어났다. 몇 달 전부터 이미 근우회는 "교육의 성차별 철폐와 여자의 보편교육 확장"을 결의하고 전주여자고보 등에서 동맹휴학을 지도하고 있었는데, 광주 소식이 전해지자 서울에서도 학생들이 움직이기 시작했다. 12월 들어 경신·근화·동덕·배재·선린상업·숙명·이화·중동·협성실업학교 등 여러 학교에서 학생 시위 사건이 일어났다. 일제는 시위 확산을 막기 위해 종로경찰서에 수사본부를 차려놓고 신간회와 근우회, 사상단체의 간부들을 잡아들였다. 나도 근우회 주요 간부인 정종명, 허정숙 등과 함께 검거되었다가 풀려났다. 문희 오빠도 이때 잡혀갔다가 풀려났다.

경찰이 물증을 잡지는 못했지만 사실 근우회에서는 여학교 중심의 시위를 계획하고 있었다. 일을 성사시키기 전에 다시 붙잡히면 안 되었기에 우리는 매우 조심스럽게 움

박차정

직였다. 학창 시절 동맹휴교를 주도한 경험이 있는 허정숙과 내가 서울 시내 여학교 대표들을 만나 학교의 분위기와 사정을 알아보고, 시위 날짜와 각 학교끼리 연락하는 방법 등 구체적인 내용을 지도했다. 경찰에 체포돼도 다른 학생들의 이름을 대지 말고, "광주 학생 석방 만세" "피압박민족 만세" 외에 과격한 정치 구호는 삼가도록 했다.

1930년 1월 15일 오전 9시 30분, 경성보육학교를 비롯해 경성여자상업·경성여자미술·근화·동덕·배화·숙명·실천·이화·정신·태화 등 11개 학교 여학생들이 "구속 학생 석방" 등을 외치고 격문을 뿌리며 일제히 시위를 벌였다. 대규모 시위에 놀란 일제는 근우회를 배후로 지목해 정종명, 박호진, 정칠성, 한신광, 류덕희, 허정숙 등 간부들을 모조리 잡아들였다. 나도 경찰서로 끌려가 취조를 받았다. 증거가 없으니 경찰은 자백을 받아내려 혈안이었으나 우리가 버티자 일단 풀어줄 수밖에 없었다.

나는 서울에서 멀리 떨어진 고향 집으로 내려갔다. 피신 겸 요양이었다. 하지만 2월 초에 또다시 검거되어 서울로 압송되었다. 내가 붙잡혀 간다는 소식에 동래 사람들이 전차 정류소로 구름 같이 몰려들었다. 수갑 찬 나를 보자 사람들은 울부짖으며 제 일처럼 슬퍼했다. 무심한 듯 보이는 인민의 마음속에 여전히 민족정신이 살아 있음을 깨닫고 나는 가슴 뻐근한 감동을 느꼈다.

서대문경찰서로 잡혀간 나는 지독한 고문에 시달려야 했다. 당시 임신 중이었던 허정숙도 종로경찰서에서 고초를 겪었다. 나와 허정숙은 보안법 위반으로 구속되었는데, 나는 고문으로 신장염이 악화돼 석방되고 허정숙은 징역형을 받고 수감되었다.

풀려나긴 했으나 나는 일제의 모진 고문으로 몸이 상해서 서울 큰오빠 집에서 한 달을 꼬박 누워 지내야만 했다. 그러던 어느 날 낯선 청년이 찾아왔다. 일제의 끄나풀인가 했는데 알고 보니 1년여 전 중국으로 망명한 문호 오빠가 보낸 사람이었다. 당시 문호 오빠는 김원봉이 이끄는 의열단에 참여하고 있었다. 김원봉은 친척인 김약수 어른과 의형제여서 우리 형제들에게는 남 같지 않았다.

청년은 오빠의 말을 전했다. 내가 더 이상 국내에서 활동하기 힘들 테니 중국으로 오라는 내용이었다. 그러면서 그는 여비까지 건넸다. 나는 밤새 고민했다. 일제의 요시찰 대상이 된 상태에서 국내 활동이 어려운 건 분명했으나 근우회 동지들도 모르게 조국 땅을 떠난다는 게 망설여졌다. 그러나 새벽 동이 틀 무렵, 나는 결심을 굳혔다. 갈수록 공고해지는 식민 지배를 무너뜨리기 위해서는 이제까지와는 다른 새로운 투쟁이 필요했다.

나는 간단히 짐을 꾸려 길을 나섰다. 그리고 인천에서 상하이로 가는 배를 타고 중국으로 망명하였다. 내가 무사히 떠난 것을 확인한 뒤, 큰오빠는 경찰에 가출 신고를 했다. 뒤늦게 사태를 파악한 경찰은 발을 구르며 화를 냈지만 이미 소용없는 일이었다.

1930년 봄, 상하이를 거쳐 마침내 베이징에 도착했다. 나는 오랜만에 만난 둘째 오빠와 재회의 기쁨을 나눌 새도 없이 바로 의열단에 합류했다. 단장 김원봉은 조선에서의 활약상을 잘 안다며 반갑게 맞아주었다. 듣던 대로 깔끔한 외모의 호남아였다. 1916년 중앙중학교를 졸업하고 중국으로 망명한 그는 1919년 젊은 동지들과 의열단을 결성했다. 의열단은 "천하의 정의로운 일을 맹렬히 실행한다"는 공약 아래 '7가살<sup>可殺</sup>' '5파괴', 즉 조선총독과 고관·군장성·대만총독·매국노·친일파 거두·밀정·반민족적 양반 지주 등 일곱 적을 암살하고, 조선총독부·동양척식주식회사·매일신보사·각 경찰서·기타 왜적의 중요기관을 파괴하는 것을 목표로 삼은 비밀결사조직이었다. 이들의 대담한 의혈투쟁은 일제와 친일파들에게 공포의 대상이었다.

하지만 일본 군국주의가 중국을 위협할 만큼 세력이 커지고 한편으론 사회주의운동이 성장하는 등 국내외 환경이 바뀌면서, 의열단도 소수의 의혈투쟁에서 대중과 결합한 투쟁으로 변신을 꾀하고 있었다. 내가 베이징에 도착했을 당시에는 조선공산당재건동맹을 만들어 당 재건운동에 힘을 쏟고 있었는데, 이 역시 노동자·농민 등 국내 대중운동과 연계해 일제와 싸우기 위해서였다.

나는 오빠와 함께 조선공산당재건동맹 중앙위원으로 활동하면서, 그해 가을부터 동맹의 부설기관인 레닌주의정치학교에서 지도자 교육을 받았다. 비록 6개월이었지만 학교에서 조선독립과 공산주의 이론의 관계, 조선혁명사, 조직과 투쟁 전술 등을 배우며 내 사상은 더욱 탄탄해졌다. 고등학교 시절 마르크스 전집과 레닌의 문건, 베벨의《부인론》등을 읽으며 내 나름의 사고를 정립했지만 정치학교에서 체계적으로 수업을 받는 것은 또 다른 경험이었다.

조선을 떠날 때 품었던 일말의 의구심은 금세 사라지고 나는 베이징에서 새로운 활력을 얻었다. 거기엔 난생처음 경험하는 사랑의 설렘도 한몫했다. 상대는 약산 김원봉이었다.

부인과 사별하고 혼자 지내는 약산에게는 많은 여성이 따랐고 바람둥이라는 소문도 있었기에 나는 일부러 그를 멀리했다. 연애나 하려고 중국까지 온 건 아니었으니까. 그러나 함께 일해보니 소문과 달리 여자들과 어울리기는커녕 혼자 책 읽기를 즐기는 과묵한 사람이었다. 의열단 단장이고 나이도 나보다 열두 살이나 많았지만 그는 권위적이지 않았다. 서로 의견이 달라도 언성을 높이는 법 없이 나지막하지만 열정적으로 상대를 설득하곤 했다. 무엇보다 민족을 최우선으로 생각하는 것이 나는 마음에 들었다. 톨스토이와 투르게네프를 좋아하는 취향도 나와 비슷했다. 마침내 1931년 3월 우리는 부부의 연을 맺었다. 내 나이 스물한 살 때였다.

결혼했다고 달라진 건 없었다. 나는 약산에 버금가는 혁명가가 되기 위해 더 열심히 활동했다. 그해 9월 18일 일제가 만주사변을 일으키며 중국 침략을 본격화했다. 일본 관동군이 만주를 점령하면서 베이징의 상황도 악화되었다. 베이징 일본공사관은 대대적인 사회주의자 검거에 나섰고, 이를 피해 톈진으로 갔던 문호 오빠는 끝내 체포되었다. 오빠는 나가사키로 압송되어 일본 감옥에 수감되었다.

1932년 봄 우리는 중국 국민정부가 있는 난징으로 활동지를 옮겼다. 일제의 압박을 피하는 동시에, 좀 더 확대된 항일투쟁을 전개하기 위해서였다. 화로강이라는 언덕 근처에 거점을 마련한 뒤, 약산은 황푸군관학교[34] 동창생들을 찾아다니며 지원을 요청했다. 마침내 국민당 정부의 재정적, 군사적 지원을 얻어 조선혁명군사정치간부학교(약칭 조선혁명간부학교)를 개설할 수 있었다. 투철한 반제국주의 혁명사상으로 무장한 지도자를 양성하기 위한 첫걸음이었다.

학교 설립이 가시화되면서 학생 모집도 본격적으로 이루어졌다. 그해 여름 문회 오빠가 중국까지 와서 우리 부부를 만난 뒤, 국내에서 학생을 모집하는 임무를 맡았다. 덕분에 신간회와 동래 노동조합 등에서 활동하던 청년 다섯 명이 1기생으로 입학했다. 이후에도 오빠는 학생 모집에 힘을 보탰는데, 결국 이 사실이 발각되면서 1934년 치안유지법 위반으로 감옥에 갇히고 말았다.

고생하는 오빠들을 생각하면 나는 잠시도 편히 쉴 수 없었다. 1932년 10월 드디어 학교가 문을 열었다. 교장은 약산이 맡았고, 교관은 대부분 의열단 단원으로 오랜 경험을 쌓은 인물들이었다. 나도 교관으로 참여해 학생들의 의식 교육과 각종 비밀공작법 등 훈련을 담당했다. 처음에는 난징 교외의 절에서 훈련하다가 2기생부터는 장쑤성(강소성)으로 장소를 옮겼다.

우리는 1932년 10월부터 1935년 9월까지 3년간 간부학교를 운영하면서 1기생 26명, 2기생 55명, 3기생 44명 총 125명의 독립군 핵심역량을 키워냈다. 그중에는 시〈광야〉로 유명한 이육사 시인도 있었다. 약산의 오랜 동지인 윤세주의 권유로 1기생으로 입학한 이육사 시인은 누구보다 열심히 훈련에 임했고, 이듬해 졸업식에서는 직접 연극 대본을 써서 축하 공연을 하기도 했다. 참으로 가슴 벅찬 추억이 아닐 수 없다.

학교에서 나는 임철애라는 가명으로 활동했다. '철학 사랑'이라는 뜻의 '철애哲愛'는 예전 내가 쓴 소설〈철야〉의 주인공 이름이었다. 워낙 철학을 좋아하기도 했거니와, 마르크스가 말했듯 세상을 해석하는 철학이 아니라 세상을 바꾸는 철학이 중요하다고 생각했기에 나는 '철애'나 '철산'

같은 가명을 즐겨 사용했다.

난징에서 조선혁명간부학교에 매진하던 1934년 늦은 여름날, 뜻밖에도 고향에서 동생 문하가 어머니를 모시고 찾아왔다. 사촌인 김두봉 댁에 들었다가 비밀요원의 도움으로 우리 집까지 오신 것이었다. 얼마 만에 뵙는 어머니요 동생이던가! 우리는 서로 끌어안고 한참을 울었다. 그것이 우리가 함께한 마지막이라는 걸 알았더라면 좀 더 오래 함께하며 회포를 풀었으련만….

당시 문하는 열여섯 어린 나이였지만 독립운동에 일조하기를 소망했다. 그래서 의열단의 소년대원으로 삼았는데 임무를 수행하다 붙잡혀 조선으로 끌려가 고초를 겪었다. 엎친 데 덮친 격으로, 일본 감옥에서 만기 출소한 지 한 달 만에 다시 서대문형무소에 수감되었던 문호 오빠가 고문 후유증으로 스물일곱 젊은 나이에 세상을 뜨고 말았다. 세 아들 중 하나는 죽고 하나는 옥살이를 하고 어린 막내마저 경찰에게 치도곤을 당했으니, 당시 우리 어머니가 겪었을 마음고생을 생각하면 지금도 가슴이 에인다.

난징에서 우리가 가장 힘을 쏟은 것은 여러 독립운동 세력을 아우른 통일전선을 만드는 일이었다. 당시 일제는 조선을 병참기지 삼아 중국까지 넘보고 있었는데, 이에 맞서려면 이념과 노선을 떠나 모든 운동 세력이 힘을 모아야 했다. 갖은 노력 끝에 1935년 7월 의열단과 한국독립당, 신한 독립당, 조선혁명당, 대한독립당이 함께한 조선민족혁명당이 결성되었다. 민족혁명당은 자주독립, 민주공화국, 토지 국유화를 내용으로 한 강령을 채택하고, 군사 공작·정보수집·자금 조달 등 다양한 활동을 전개했다. 아쉽게도 김구의 한국국민당은 동참하지 않았고 조소앙 계열도 출범 직후 탈당했지만, 그래도 만주의 독립 인사들이 대거 참여했고, 1936년에는 조선에서 망명한 최창익, 허정숙 등 사회주의자들도 합세했다. 오랜만에 만난 허정숙은 전보다 초췌한 모습이었으나 성격은 여전히 활달하고 거침이 없었다.

1936년 7월 나는 이청천(본명 지청천) 장군의 부인 이성실과 함께 남경조선부녀회를 결성했다. 당시 우리 조선 여성은 남존여비의 봉건적 속박에다, 일본제국주의에 의해 기본적 인권마저 유린당하는 이중의 구속을 받고 있었다. 이런 현실을 타개하고 진정한 해방을 이루려면 여성이 주체가 되어 주도적으로 민족해방운동을 전개할 필요가 있었다. 우리가 민족혁명당과 별도로 여성 통일전선 조직을 만든 이유였다. 나는 당원 가족을 중심으로 여성들의 단결과 훈련에 힘쓰는 한편,《앞길》이라는 잡지에 여성문제 해결에 관한 글을 기고하기도 했다.

1937년 7월 중일전쟁이 발발했다. 중국 국민당과 공산당은 고조된 항일여론에 떠밀려 국공합작을 이루었다. 이에 조선인들 사이에서도 한동안 지지부진했던 통일전선을 다시 강화하자는 논의가 일었다. 그해 11월, 민족혁명당을 중심으로 각 단체가 자신의 독자성을 유지하면서 항일전선에 참가하는 조선민족전선연맹이 창립되었다.

나는 민족전선에서 주로 대외 업무를 맡았다. 한커우에서 만국부녀대회가 개최됐을 때 나는 한국 대표로 참석했고, 1938년 4월 임시정부가 옮겨와 있던 창사에서 한 달 전 고국에서 숨진 안창호 선생의 추도회가 열렸을 때도 자리를 함께했다. 선전 활동도 빼놓을 수 없는 임무였다. 나는 베이징과 난징에서 틈틈이 외국어학교에 다녀 일본어는 물론 중국어에 능했기 때문에, 당시 라디오로 대일선전방송을 하고 그 원고를 중국어로 번역해 기관지《조선민족전선》에 〈경고 일본의 혁명대중〉이라는 글을 발표하기도 했다.

갈수록 심해지는 일본의 무력 공세는 무장투쟁의 필요성을 높였다. 우리는 중국군과 협의해 마침내 1938년 10월 10일 조선의용대를 창설했다. 중국 정부의 공인 아래 함께 항일 연합전쟁을 수행할 군사조직을 만든 것이다. 비록 대원은 100여 명에 불과했으나 모두가 높은 지적, 군사적 소양과 오랜 투쟁 경력을 가진 최정예부대였다.

조선의용대는 전선에서 중국군을 지원하며 정보수집과 포로 심문, 선전 공작 등을 담당했다. 당시 나는 본부에서 조선인 포로 공작, 조선인 교육, 후원 세력 확보에 힘썼다. 덕분에 1년 뒤엔 대원이 늘어 조직을 확대했고, 나는 이

때 증설한 부녀복무단 단장을 맡아 이끌게 되었다.

부녀복무단은 총 22명의 대원으로 이루어졌는데 그중에는 이화림처럼 원래 의용대에서 복무한 대원들도 있었고, 일본군에 끌려왔다 포로가 된 여성들 중에서 선발된 이들도 있었다. 나는 이들이 서로 어울릴 수 있도록 신경을 썼는데, 굳이 애쓰지 않아도 단원들은 금세 동지애로 뭉쳤다. 부녀복무단은 전선의 대원들에게 물품과 가족 소식 등을 전해 사기를 진작시키는 한편, 전단과 팸플릿 등을 살포하는 대민 선전·선무 활동을 펼쳤다.

1939년 들어 전선은 더욱 확대되었다. 일제는 하이난섬을 장악한 뒤, 중국의 군수물자가 들어오는 이른바 '하노이 루트'의 거점인 난닝(남녕)을 공격하기 시작했다. 이에 맞서 우리 의용대는 중국군과 함께 전투에 나섰다.

그해 2월, 나는 동지들과 광시성(광서성) 곤륜관 전투에 참가했다. 일제의 병력은 우리와는 비교도 되지 않을 만큼 대규모였고 화력도 엄청났다. 그러나 우리는 물러서지 않았다. 나도 마찬가지였다. 영원히 끝날 것 같지 않은 총격전이 이어졌다. 그러다 어느 순간 나는 정신을 잃었다. 총상을 입은 것이다. 동지들의 도움으로 간신히 목숨은 건졌지만 상처는 깊었다. 나는 회복하는 대로 다시 전선으로 돌아가길 꿈꿨으나 다시는 전처럼 움직일 수 없었다.

전쟁이 격화하면서 조선의용대에도 큰 변화가 생겼다.

**박차정**

약산은 민족주의 세력과 연대하기 위해 의용대를 이끌고 임시정부가 자리 잡은 충칭으로 이동했다. 나도 함께 갔다. 하지만 의용대 내부에서는 중국공산당 팔로군이 싸우고 있는 화베이(화북)로 진출해 무력투쟁을 계속하자는 목소리가 갈수록 커졌다. 결국 1941년 봄, 약산이 이끄는 일부를 제외한 다수가 화베이로 가서 팔로군과 제휴해 활동하기에 이르렀다. 나는 임시정부를 개조해 독립운동의 중심으로 삼아야 한다는 남편 약산의 뜻은 이해했지만, 그럼에도 수년간 생사의 기로를 넘나들며 함께해온 동지들이 떠나는 모습을 지켜보며 말할 수 없는 고통을 느꼈다.

1942년 국민당 정부의 명령으로 조선의용대는 광복군 제1지대로 편입되고 약산은 지대장 겸 부사령관에 취임했다. 비슷한 시기에 조선의용대 화북지대가 조선의용군으로 확대 개편되었다는 소식이 들렸다.

이즈음 내 건강은 더욱 나빠져, 아침이 밝아도 자리에서 일어나지 못하는 날이 많아졌다. 갓 스물에 중국으로 망명하여 근 15년을 최전선에서 싸운 나였다. 그러나 싸움의 끝이 가까워지는 이때, 내게는 죽음이 성큼성큼 다가오고 있었다. 눈앞의 죽음보다 그토록 바라던 독립국가 건설을 보지 못할지도 모른다는 두려움에 가슴이 내려앉곤 했다.

1944년 5월 약산은 임시정부의 군사를 통괄하는 군무부장에 취임했다. 며칠 뒤 5월 27일, 내내 천근 같던 머리가 모처럼 맑았다. 때가 된 것이다. 나는 곁을 지키던 약산에게, 광복군을 이끌고 반드시 조선 해방을 이뤄달라고 당부했다. 남편은 눈시울을 붉힌 채 말없이 고개를 끄덕였다.

비록 내 눈으로 보지는 못해도 일제의 패망이 가까운 것을 알았기에 나는 편안한 마음으로 눈을 감았다. 서른넷, 짧다면 짧은 인생이나 여한은 없었다. 물러서지 않았고, 뜨겁게 연대했고, 두려움 없이 싸웠다. 그것이 내가 택한 내 삶이었다.

## 남은 이야기

박차정의 유해는 사망 직후 충칭의 화상산 공동묘지에 안치되었다. 해방이 되자 김원봉은 박차정의 유골을 안고 귀국하여 자신의 고향인 밀양 감천동 뒷산(현재 밀양시 부북면 제대리 산44-7번지)에 안장했다. 그리고 박차정이 부상당할 때 입었던 '피가 말라붙은 적삼'을 가져와 동생 박문하에게 전해주었다.

이후 김원봉이 친일 경찰 노덕술에게 시달리다 월북하면서 박차정의 묘소는 돌보는 이 없이 방치되었다가, 미국에 살던 조카 박의정 씨의 노력으로 간신히 제 모습을 찾았다. 1995년 박차정의사숭모회가 발족해 2001년 부산 금정구에 동상을 건립하고 2005년에는 동래구에 생가를 복원하는 등 추모 사업을 하고 있다.

# 춘실, 동해, 화림
## 세 이름을 살다

— 1905-1999

# 이
# 화
# 림

"끝까지 혁명의 길을 걷겠다고 결정한 이상 작은 가정에 연연할 수는 없었다. 비록 희생이 뒤따랐지만 당연히 해야 될 일이었다. 평양을 떠나고 어머니를 떠나면서 나는 이미 희생을 치렀다. 나는 이미 이 길에 올랐고, 후퇴할 이유도 없으며 절대 후회하지 않을 것이다."

《이화림 회고록》 중에서

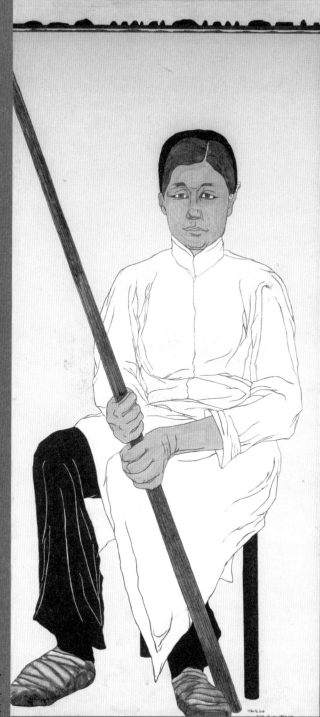

**이화림 초상**

윤석남, 2020년,
한지 위에 채색,
10×94cm, 작가 소장

위) **이화림 채색 드로잉**
윤석남, 2020년, 한지 위에 채색,
45×34cm, 작가 소장

아래) **이화림 연필 드로잉**
윤석남, 2020년, 종이 위에 연필,
45×34cm, 작가 소장

1999년 1월 6일 오늘은 내 아흔네 번째 생일이다. 이렇게 오래 살 줄은 생각도 못 했는데. "누님, 그럼 우리 몫은 안 살라 했소?" 귓전에 들리는 낯익은 목소리. 놀라 돌아보니 역시나 진광화다. 검게 근 얼굴에 싱글싱글 웃음이 한가득이다. "아니 이게 누구야! 일본군 총탄에 죽은 줄 알았더니 무사했구나." 그때 다른 목소리가 들린다. "이 동지, 우리도 좀 봐주오, 허허." 웃는 이는 윤세주다. 그날 함께 죽었다고 했는데. 그러고 보니 타이항산에서 같이 싸운 조선의용대 동지들이 다 있다. 그들 곁엔 용감한 무정도 있고, 노래 잘하는 정율성도 있고, 듬직한 박차정과 인물 좋은 김원봉도 있다. 보고 싶은 사람들이 다 모였다. 다들 웃으며 노래를 부른다. 우리가 함께 부르던 도라지, 아니 미나리 타령이다.

"미나리, 미나리, 돌미나리 / 태항산 골짜기의 돌미나리 / 한두 뿌리만 뜯어도 / 대바구니에 찰찰 넘치누나 / 에헤야 데헤라 에헤요 / 우리들의 태항산, 정말로 아름다워."

나는 흥겹게 노래를 따라불렀다. "우리들의 태항산, 정말로 아름다워." "네? 뭐라고요?" 함께 사는 아주머니가 내게 묻는다. 동지들은 가고 없다. 잠깐 꿈을 꾼 모양이다. "음, 그냥 예전 부르던 노래가 생각나서." "생신이라 기분이 좋으신가 봐요." "응, 좋아."

동지들을 만났으니 이보다 좋은 생일 선물이 있을까. 죽은 사람을 보면 죽을 때가 가까워진 것이란 옛말이 떠오른다. 그리운 이들을 만날 수 있다면 그 또한 나쁘지 않다. 내게는 보고 싶은 이들이 너무나 많다. 나를 역사 앞에 부끄럽지 않은 한 인간으로 기르고 가르치고 키워준 사람들, 어머니, 이봉창, 윤봉길, 김구, 김두봉…. 그런 큰 어른들을 가까이서 뵙고 가르침을 받은 94년. 길어도 아주 긴 것만은 아닌 삶이다.

나는 을사늑약으로 나라를 뺏긴 1905년 1월 6일 평양 대동강 근처 작은 초가집에서 태어났다. 어머니 함자는 김인봉, 아버지는 이지봉, 위로 오빠 둘에 언니 하나가 있었다. 원래 이름은 돌림자 '춘'을 써서 이춘실이었다.

우리 집은 가난했다. 아버지는 매일 아침 품팔이를 나가고 어머니는 미국인 선교사 집에서 가정부로 일하고, 우리 형제들은 집에서 양말 짜는 일을 하며 온 식구가 애를 썼는데도 끼니 걱정에서 벗어나지 못했다. 그 바람에 큰오빠는 숭실중학교를 2년 다니다 중퇴했고 둘째 오빠나 언니는 아예 학교 문턱도 못 넘었다. 우리 집 건너편에 숭실학교, 숭의여자중학교가 다 모여 있었는데도 그냥 구경만 했다.

나도 학교에 가고 싶은 마음은 굴뚝같았지만 감히 엄두를 못 냈다. 그런데 목공 일로 돈을 벌기 시작한 춘성 큰오빠가 나를 공부시키라며 돈 1원을 내놓으면서 길이 열렸다.

당시 1원이면 우리 식구가 며칠을 먹을 수 있는 돈이었다. 아버지는 계집애가 무슨 공부냐며 반대했지만 어머니는 나를 가난한 기독교인 여자아이들이 주로 다니는 숭현소학교에 입학시켰다. 선교사가 학비를 면제해줘서 큰 도움이 되었다. 학교에서는 일본어 대신 영어를 가르쳤는데 나는 그게 참 좋았다. 침략자의 언어를 배우는 게 몹시 싫었기 때문이다.

내가 일찍부터 민족의식을 갖게 된 건 어머니 덕이다. 어머니는 종일 힘든 일을 하면서도 늘 웃는 낯으로 우리를 대했고, 틈날 때마다 단군신화며 을지문덕 장군, 신라 충신 박제상, 춘향전 같은 옛날이야기를 들려주셨다. 얼마나 재미있고 감동적이었는지, 나는 어머니 얘기를 들으며 나중에 나라와 민족을 구하는 여성 영웅이 되겠다고 결심했다.

소학교 5학년 때였다. 하루는 우연히 구들장 아래서 어머니가 숨겨놓은 기를 발견했다. "이게 뭐예요?" 어머니는 얼른 기를 숨기며 낮은 목소리로 말했다. "우리나라 국기 태극기다. 일본 놈들이 보면 큰일 난다." 어머니는 태극기를 구들장 맨 아래 숨기며 명성황후 시해 사건에 대해 얘기해줬다. 그리고 경술국치의 한을 잊지 말라고 당부하셨다.

이런 어머니의 가르침 덕에 우리 형제들은 모두 투철한 민족의식을 갖게 되었다. 그러니 3·1운동이 일어났을 때 우리가 적극적으로 참여한 것은 당연했다. 숭현소학교에서도 교장 선생님을 비롯해 선생님들과 전교 학생이 전부 시위에 나섰다. 나도 태극기를 들고 열심히 독립 만세를 외쳤다. 3·1운동은 6월까지 석 달 동안이나 계속되었는데, 당시 어머니는 비밀리에 군자금을 모았고 춘성, 춘식 두 오빠는 혁명조직에 참가해 비밀문건을 인쇄해 배포했다.

어느 날 오빠가 전단지를 가져와 내게 접어달라고 했다. 그런데 바로 그때 일제 경찰이 집으로 들이닥쳤다. 나는 전단지를 얼른 보자기에 숨기고 옆에 있던 조카를 꼬집어 울렸다. 그리고 우는 아이를 달래는 척, 보자기에 싸서 업고 밖으로 나와 다시 전단지를 숨겼다. 경찰은 한참 집 안을 뒤지다 빈손으로 돌아갔다. 이전까지 나를 어린애 취급하던 어머니와 오빠들은 그날 이후 나를 믿고 전단지를 전달하고 배포하는 임무를 맡겼다.

비록 경찰에 들키진 않았지만 우리 집을 노리는 감시의 눈초리는 더욱 삼엄해졌다. 국내 활동이 힘들어지자 결국 오빠들은 중국으로 가서 독립군에 합류했다. 나는 오빠의 동지들을 돕는 한편, 숭의여중 유아교육반에 들어가 학업을 이어갔다. 일하면서 공부할 수 있는 학교여서 반나절은 공부하고 반나절은 자수로 돈을 벌어 살림에 보탰다. 또 방과 후 시간을 이용해 평양의 고등학교 학생들이 주축이 된 역사문학연구회에 들어가 사회주의 이론을 공부했다.

1927년 3월 학교를 졸업한 나는 전라북도 군산의 기독교 유아원에서 일을 시작해 8월에는 함경북도 청진의 유아원에서 근무했다. 여기서 나는 소학교 교사인 엄 선생과 역사문학연구회 출신인 김문국이라는 사람을 알게 되었다. 나는 그들을 통해 조선공산당 활동을 함께하게 되었고 그해 11월 당원으로 가입했다. 그러나 당 내부의 파벌투쟁과 일제의 대대적인 체포 작전으로 얼마 뒤 당은 해산되었다. 나는 깊이 실망했고 앞이 보이지 않아 답답했다.

1930년 초 겨울방학을 맞아 모처럼 집에 왔더니 어머니께서 울며 나를 맞았다. "어머니, 무슨 일이에요?" "춘실아, 어쩌면 좋으냐! 네 아버지께서 혼자 앓다가 돌아가셨다는구나."

알고 보니 몇 해 전 돈을 벌겠다고 중국으로 떠나셨던 아버지께서 객지에서 병이 나 돌아가신 것이었다. 어머니와 나는 끌어안고 통곡했다. 아버지의 부고는 우리에게 너무나 큰 충격이었다. 어머니를 생각하면 모든 걸 접고 집에 머물러야 했다. 하지만 일제를 몰아내고 새로운 세상을 열겠다는 내 뜻을 꺾기에는 이미 너무 멀리 와 있었다. 나는 고심 끝에 어머니에게 내 뜻을 밝혔다.

"오빠들이 있는 중국으로 가야겠어요."

어머니는 눈물을 흘리며 말없이 고개를 끄덕이셨다. 며칠 뒤, 어머니와 언니는 새벽같이 내 짐을 챙기고 쌀밥과 개고기국을 끓여 밥상을 차려주었다. 나는 목이 메어 밥이 넘어가지 않았다. 갓난애를 업은 언니와 대문간에서 눈물로 작별하고, 나는 어머니와 보통강 강둑을 걸어갔다. 어머니가 입을 열었다.

"춘실아, 나중에 해방이 되면 오빠들과 함께 돌아와 다시 만나자. 이 어미가 선물로 정몽주의 시를 들려주마. '이 몸이 죽고 죽어 일백 번 고쳐 죽어 / 백골이 진토되어 넋이라도 있고 없고 / 임 향한 일편단심이야 가실 줄이 있으랴' 너는 절대 잊지 말아라. 나라의 독립을 위해 일백 번 죽더라도 내 걱정은 하지 말아라. 나는 곧 땅에 묻힐 사람이다."

"어머니, 영원히 기억할게요. 꿋꿋이 일제와 싸우고 조선 독립운동에 이 한 몸 바치겠습니다. 어머니, 절대 걱정 마세요!"

나는 어머니 앞에 무릎을 꿇고 어머니 손에 얼굴을 묻었다. 눈물이 하염없이 흘렀다. 나는 눈물을 훔치고 어머니를 한번 본 뒤 보통문을 향해 달렸다. 그것이 어머니와의 마지막일 줄은 꿈에도 생각지 못한 채로.


나는 경찰의 미행을 가까스로 따돌리고 국경을 넘었다. 한데 막상 중국에 가보니 오빠들을 찾아간다는 건 바다에서 바늘 찾는 격이었다. 결국 나는 명망 높은 김두봉 선생과 임시정부가 있는 상하이로 가기로 했다.

1930년 3월 상하이에 도착하자마자 김두봉 선생을 찾아갔다. 그토록 유명한 독립운동가임에도 선생은 겸손하고 소탈했다. 그는 상하이 독립운동계의 복잡한 상황을 알려주며 먼저 생계부터 해결하라고 조언했다. 처음엔 막막했지만 나는 곧 삯바느질과 행상을 해서 끼니 걱정을 덜었다.

그렇게 어느 정도 자리를 잡자 나는 다시 일제를 처단하는 데 참여하게 해달라고 졸랐다. 그는 김구가 이끄는 비밀조직 한인애국단에 나를 추천했다. 서로 사상은 달랐지만 김구의 남다른 투쟁의지를 잘 알기 때문이었다. 나 또한 김구 선생을 우러르던 터라 조직에 들어가기를 학수고대했다. 여러 날이 지난 뒤 마침내 김구 선생을 만났다. 그는 냉담한 얼굴로 불쑥 물었다.

"너의 조국은 어디인가?"

"나의 조국은 조선이고 평양에서 자랐습니다."

나는 주저 없이 대답했다. 그는 비로소 경계를 풀었다. 나는 여성은 안 된다는 그를 집요하게 설득해 결국 애국단에 가입했다. 1931년 가을의 일이다.

그날부터 나는 이름을 이동해로 바꾸고 김구 옆에서 비밀요원으로 일했다. 주로 여성 친일파와 일제 첩보원을 탐색하는 임무를 맡았지만, 한번은 김구를 도와 밀정을 살해하기도 했다. 한인애국단은 일제의 주요 인물과 친일파 등을 처단하는 조직인 만큼 이는 예견된 일이었으나 그럼에도 나는 충격을 받았다. 선생은 내게 말했다. "친구에게는

이화림

정성을 다하고 적들에게는 절대 준엄해야 한다." 그리고 적의 공격을 피해 도망치는 방법을 자세히 가르쳐주었다.

열심히 활동을 이어갔지만 당시 상황은 좋지 않았다. 그해 여름 일어난 만보산 사건 때문에 조선인은 중국인들에게마저 배척당했다. 중국인들의 지지를 얻기 위해서는 뚜렷한 항일투쟁의 성과가 있어야 했다. 한인애국단은 일제 침략자를 처단하는 일에 소홀했던 것을 반성하고 새롭게 투쟁하기로 했다. 때마침 이봉창이라는 사람이 찾아와 천황을 암살할 테니 도와달라고 했다. 그는 훤칠한 호남자에 일본어가 유창하고 음악에도 조예가 있어 일본 여인들에게 인기가 있었다. 그러나 본인은 오로지 독립을 위해 목숨을 바치는 것만을 삶의 즐거움으로 삼았다.

거사는 일왕이 도쿄에서 열병식을 하는 1932년 1월 8일로 정해졌다. 준비는 차질 없이 이루어졌다. 중국군 장교였던 김홍일을 통해 수류탄도 두 개 확보했다. 문제는 수류탄을 어떻게 일본으로 가져가느냐였다. 아무리 생각해도 답이 떠오르지 않았다. 그때 갑자기 이봉창이 "바짓가랑이에 주머니를 만들어 폭탄을 넣고 꿰매면 어떻겠소?" 하며 사타구니께를 가리켰다. 나는 부끄러워 얼굴이 빨개졌다. 김구 선생이 웃으며 말했다. "동해야, 부끄러워하지 마라. 혁명 활동을 하려면 이보다 더 부끄러운 일을 해야 할 때가 있다."

나는 밤을 새워 주머니를 만들었고, 이봉창은 무사히 수류탄을 갖고 일본에 도착했다. 거사 당일, 이봉창은 마차를 타고 경시청 앞을 지나는 일왕을 향해 수류탄을 던졌으나 불행히 다른 마차에 맞는 바람에 실패하고 말았다. 하지만 일본은 큰 충격을 받았고, 중국 각지의 주요 신문들도 의거 소식을 앞다투어 전했다.

한인애국단은 기세를 몰아 새로운 작전을 세웠다. 일왕 생일인 4월 29일 상하이 훙커우 공원에서 열리는 전승 기념 행사 때, 윤봉길이 일본군 수뇌를 처단하기로 한 것이다. 윤봉길과 나는 일본인 부부로 위장해 현장을 미리 답사했다. 거사 당일 나는 만일의 사태에 대비해 그가 도시락과 물병으로 위장한 폭탄을 들고 입장하는 것을 공원 입구에서 몰래 지켜보았다. 11시 50분경, 천지가 진동하는 폭음이 울렸다. 윤봉길이 던진 폭탄에 일본군 총사령관과 일본인 거류민 단장이 죽고, 해군 함대 사령관이 실명하고, 사단장과 주중 공사 등 다수가 중상을 입었다. 추풍낙엽처럼 떨어지는 일본 놈들을 보며 나는 쾌재를 불렀다.

이 엄청난 사건으로 전 세계는 충격을 받았고 이후 중국인들의 시선은 완전히 달라졌다. 장제스 국민당 주석은 "30만 중국 군대가 하지 못한 일을 조선의 한 청년이 해냈다"고 극찬하며, 군관학교에 한인 훈련반을 개설하는 등 조선 독립운동을 적극적으로 지원했다.

이화림

그러나 성과가 큰 만큼 그늘도 깊었다. 이봉창, 윤봉길 두 혁명투사는 그해가 가기 전 모두 처형당했고, 임시정부의 중심축이었던 안창호 선생은 거사의 배후로 지목돼 체포당했으며, 일제의 서슬 퍼런 감시 때문에 임정도 한인애국단도 투쟁을 접고 지하로 숨을 수밖에 없었다.

나는 한인애국단에 충심을 다해왔지만 갈수록 회의가 들었다. 개인적인 테러로 제국주의 일본을 무너뜨릴 수 없다는 생각이 들었고 지나치게 모험적이어서 대중과 괴리되는 것도 불만스러웠다. 활동을 할 수 없는 기간이 길어지면서 회의는 점점 커졌다. 마침내 나는 조선 혁명가들이 많이 모인 광저우로 가서 못다 한 공부도 하고 새로운 투쟁의 길을 찾기로 했다. 김구 선생은 거기 가면 공산주의에 물들게된다며 붙잡았지만 내 마음은 바뀌지 않았다.

광저우에 도착한 나는 이화림으로 이름을 바꾸고 새롭게 출발했다. 나는 중산대학 부속병원에 실습 간호사로 들어가 일과 공부를 병행했다. 또 유학생들의 항일결사조직에 가입해 이론 학습에도 힘을 썼다. 이 무렵 동지들과 교류하면서 김창국과 연애 감정이 싹텄다. 내 나이 스물여덟 되던 1933년 봄 우리는 결혼했고 얼마 뒤 아들이 태어났다. 나는 참으로 오랜만에 가정의 행복을 느꼈다. 그러나 행복은 오래가지 않았다.

1935년 가을 어느 날, 나는 같은 평양 출신인 진광화(본명 김창화)를 따라 유학생 집회에 갔다. 진광화는 나보다 여섯 살이 어리지만 풍부한 학식과 뜨거운 혁명 열정을 가져서 내게는 스승과도 같은 후배였다. 그가 데려간 집회에서 나는 조선민족혁명당 지도자 윤세주의 연설을 듣게 되었다. 의열단 출신인 윤세주는 시인 이육사가 〈청포도〉에서 "고달픈 몸으로 청포를 입고 찾아온다"고 노래했던 바로 그 사람이었다.

　　그는 민족운동 세력이 연합해 당을 결성했으니 독립을 위해 다 함께 힘을 합쳐 싸우자고 호소했다. 눈앞이 밝아졌다. 흩어진 민족운동 세력을 하나로 결집하여 항일투쟁을 한다는 데 망설일 이유가 없었다. 나는 그 자리에서 민족혁명당에 가입했다. 남편도 당연히 찬성할 줄 알았으나 아니었다. 그는 내가 가정주부로 살기를 바랐다. 하지만 결혼해서 아이 낳고 행복하게 살려고 어머니와 고향을 떠나 이 먼 곳까지 온 게 아니었다. 내 개인의 행복보다 조국의 해방이 더 중요했다. 결국 나는 이혼하고 혼자 민족혁명당이 있는 난징으로 떠났다. 돌이 갓 지난 어린 아들과 헤어지는 것은 살이 찢어지는 것처럼 고통스러웠다. 더 나은 미래, 더 많은 아이들을 위한 선택이었으나 어미로서 어찌 한이 없겠는가.

　　난징에서 나는 조선민족혁명당 부녀국에서 박차정 등

과 함께 선전 활동을 전개했다. 그 무렵 윤세주 등 간부들의 권유로 독립군 장교인 리집중 동지와 재혼했으나 그 역시 가부장적으로 내 활동을 속박하기에 이내 헤어졌다. 당 차원에서는 여성의 지위와 권리가 남자와 평등해야 한다고 선전하고 있었으나 실제론 전혀 그렇지 못한 현실 앞에서 나는 깊은 실망감을 느꼈다. 하지만 내게는 가야 할 길이 있기에 결코 후퇴하지도 후회하지도 않았다.

1937년 여름 마침내 중일전쟁이 일어났다. 일본군의 공세를 피해 우리는 충칭으로 거점을 옮겼다. 임시정부도 창사를 거쳐 충칭 쪽으로 이동했다. 나는 그곳에서 의료봉사를 펼치다가 1938년 10월 김원봉의 주도로 조선의용대가 결성되자 참여했다. 총 300여 명으로 이루어진 조선의용대에는 여성들로 이루어진 부녀 부대가 따로 조직되어 대장은 박차정, 부대장은 내가 맡았다.

당시 충칭에는 김구 선생의 모친이 머물고 있었는데 1939년 봄 병으로 돌아가셨다. 장례식이 끝난 뒤 나는 근 7년 만에 김구 선생을 뵀다. 반가움에 서로 할 말은 많았으나 사상의 차이는 좁혀지지 않았다. 헤어지기 전 선생은 앞으로 다시는 보지 말자고 말했다. 이날 이후 우리는 같은 충칭에 있으면서도 다시 만나지 못했다. 훗날 선생은《백범일지》에서 나에 관해 한마디도 언급하지 않았다. 아마도 내가 당신과 다른 사상, 다른 운동 노선을 택했기 때문이리라.

비록 조선 독립운동 세력은 아직 통일을 이루지 못했지만, 중국의 국민당과 공산당은 2차 국공합작을 통해 함께 대일 항전을 벌이고 있었다. 덕분에 우리 조선의용대는 양측의 지원을 받으며 중국군과 힘을 합쳐 일본에 맞서 싸웠다. 일본어에 능통한 우리 대원들은 적의 동향을 탐지하고 적 문서를 번역하고 포로 심문과 정보 수집, 일본군에 대한 선전 등 다양한 활동을 전개했다. 그중에서도 가장 큰 비중을 차지한 것은 선무공작이었다.

의용대 전사들은 최전선에서 일본군을 향해 선전전을 수행했다. 캄캄한 밤 '따발수'들이 적의 참호 앞까지 가서 반전 연설을 하면, 적진에서 "더 크게 말하시오" 하고 호응하는 목소리가 들려왔다. 말로 직접하는 선전 외에도 우리는 삐라를 살포하고 적군이 볼 수 있는 곳에 표어를 써서 붙였다. 포화를 뚫고 적의 진지 바로 앞에 흰 천으로 만든 대형 표어를 걸기도 했다. 일본어로 "우리들의 전선에 와서 일본 군벌을 같이 무찌릅시다!"라고 쓴 표어였다. 어떤 대원들은 목숨을 걸고 적군의 철조망을 파고 들어가 전단지를 적의 진지에 붙였다.

이런 선전전은 적군의 투지를 약화시켰고 내부 분열을 일으켰다. 죽은 일본군들의 옷 속에서 전단지가 자주 발견되었는데 전단지 뒷면에는 통행증이 있었으니 탈출을 위해 감춰둔 것이 분명했다. 내가 속한 부녀 부대도 중국인과 여성들을 상대로 길거리 공연을 하는 등 다양한 방식으로 선전 활동을 했다. 처음엔 사람들 앞에서 연기와 노래를 하는 것이 창피했지만 사람들이 감화되어 가는 모습에 점점 신이 났다. 많은 사람들이 우리의 공연을 보며 항전 의지를 다지고 반제국주의 투쟁에 나섰다.

1940년 들어 조선의용대는 전환점을 맞았다. 당시 국민당 정부는 일본과의 투쟁보다 공산당과 싸우는 데 더 열을 올리고 있었다. 공산당의 항일투쟁에 호응하는 중국 인민들이 많아지자 불안감을 느낀 것이다. 우리는 반일보다 반공에 치중하는 국민당의 통제에서 벗어나 일본과 제대로 싸우고 싶었다. 마침내 박효삼, 김세일 등 화베이 지역에서의 무장투쟁을 주장하는 부대원들은 타이항산 팔로군 지역으로 이동했고, 1941년 7월 조선의용대 화북지대를 결성했다. 나도 김원봉 대장을 떠나 그들과 함께했는데, 부상 후유증으로 아픈 김원봉의 부인 박차정과 이별할 때는 목이 멨다.

수개월에 걸친 고된 행군 끝에 타이항산에 도착하자 진광화가 한달음에 달려왔다. "큰누님 오셨군요!" 형제 같은 동지를 보자 눈물이 앞을 가렸다. "같은 목표가 우리를 같은 곳으로 이끌었구나. 열심히 해보자." 우리는 두 손을 맞잡고 결의를 다졌다. 의용대는 세 개의 지대로 구성되고 각 지대는 다시 세 개 소대로 나뉘었으며, 대원들에게는 소총

한 정과 수류탄 세 개, 비상식량이 분배되었다. 나는 제3지대에 소속되어 의료 업무를 맡았다.

본부가 있는 타이항산은 산이 높고 골이 깊어 유격전을 펼치기 좋은 지역이었다. 하지만 싸우기 좋은 만큼 먹고 살기는 힘든 곳이었다. 고산지대라 안 그래도 식량을 구하기가 쉽지 않은데 일본군의 소탕 작전이 계속되면서 식량난은 더욱 심해졌다. 우리는 지역민들과 힘을 합쳐 생산운동을 전개했다. 일본군이 쳐들어오면 싸우고 작전이 끝나면 황무지를 개간했다.

당시 나는 어린 시절의 경험을 살려 산나물 캐기에 나섰다. 매일 대원들을 이끌고 산나물을 캐서 평소에도 먹고 말려두었다가 겨울에도 먹었다. 그때 나물을 캐면서 〈도라지 타령〉의 가사를 바꿔 〈미나리 타령〉을 부르곤 했는데 이 노래가 널리 알려져 다른 곳에서도 많이 불렸다 한다.

노래는 전투와 개간 등 고된 일과에 지친 심신을 위로하는 데 특효약이었다. 그래서 우리는 쉬는 짬짬이 노래 시합을 하며 흥을 돋우곤 했다. 직접 작사·작곡해 불러야 하는 노래 시합에서 최고는 단연 정율성 동지였다. 내가 처음 봤을 때 그는 소년이었는데 그때도 이미 발군의 음악 실력을 보여주었다. 나중에 그가 음악가로 대성한 것을 보고 나는 내 일처럼 기뻤다. 아무튼 우리의 생산운동 덕분에 가을에는 오곡을 먹을 수 있을 정도로 식량문제가 해결되었다.

이화림

이전과 달리 타이항산에서는 직접 적과 교전하는 일이 많았다. 적군과 아군이 팽팽히 맞선 지역이어서 일본군이 마을을 공격하는 일도 드물지 않았다. 우리는 마을 사람들을 대피시키고 적군과 공방을 벌였다. 전투가 벌어지면 나는 앞장서 싸웠고 의무병으로서 부상자 치료에도 최선을 다했다. 그 때문에 여자가 너무 억세다고 흰 눈으로 보는 남성 대원들도 있었다. 훗날 작가로 유명해진 의용군 분대장 김학철도 그중 하나였다.

"이화림의 타고난 결함은 여자다운 데가 없는 것이다. 아무리 군복을 입었더라도 여자는 여자다운 맛이 있어야 하는데 그렇지 못해 그녀는 남성 동지들의 호감을 통 사지 못했다. 나도 워낙 속이 깊지 못하고 경박한 편이어서 덩달아 이화림을 비웃고 따돌리고 하였으니 정말 부끄럽고 면목이 없다."

나중에 그는 정말 미안하다며 사과했지만 사실 나는 그런 말에 별로 마음 쓰지 않았다. 민족의 자유와 해방을 위해 싸우는 용감한 남성 투사들이 유독 여성에 대해서만큼은 봉건적인 구습을 벗지 못한 것을 결혼 생활을 통해 이미 알고 있었기 때문이다. 나는 그들의 편견을 깨는 것은 오직 몸을 사리지 않는 투쟁뿐이라 믿고 더욱 열심히 싸웠다.

1942년 5월 일본군 수십만 명이 타이항산을 소탕하겠다며 쳐들어왔다. 당시 팔로군 사령부는 조선의용대에게 일본이 점령한 두 개의 산을 공격해서 포위당한 동지들에게 돌파구를 열어주라고 지시했다. 의용대는 박효삼 대장의 지휘 아래 대여섯 시간의 악전고투 끝에 산꼭대기를 점령해 퇴로를 확보했고, 포위됐던 동지들은 모두 안전하게 후퇴할 수 있었다.

하지만 안타깝게도 이때 윤세주, 진광화 동지가 전사하고 말았다. 나를 이끌어준 두 사람의 죽음은 너무나 큰 슬픔이었다. 그러나 일본군과 싸우다 전사하는 것이야말로 그들이 바란 죽음임을 누구보다 잘 알았기에 오래 울지는 않았다. 그들 몫까지 싸우는 것이 당시 내가 할 수 있는 최선의 애도였다.

타이항산 전투 이후 팔로군은 조선군의 희생을 최소화하기 위해 직접 전투에 나서는 대신 선전 활동에 참여하도록 했다. 그해 여름 김두봉 선생이 이끄는 조선독립동맹이 결성되고, 의용대는 무정의 지휘 아래 조선의용군으로 개편되었다. 나는 조선독립동맹이 타이항산에 설립한 대중병원에서 간호사로 일하며 의용군은 물론 지역민들의 건강을 보살폈다.

1945년 초, 무정 동지가 내게 의과대학에서 공부하고 싶은 생각이 있느냐고 물었다. 나는 광저우에서 의학을 배우다 만 것을 늘 아쉽게 생각한 터라, 기회가 생기면 열심히 하겠다고 답했다. 얼마 뒤 나는 무정의 추천으로 옌안의과

이화림

대학에 진학했다. 공부는 힘들었지만 배우는 기쁨에 힘든 줄도 몰랐다.

그러던 8월 15일 마침내 일본이 항복했다. 우리는 운동장에 모여 조선 노래를 부르며 덩실덩실 춤을 췄다. 드디어 고향으로 돌아가 어머니를 만난다고 생각하니 가슴이 벅찼다. 눈물을 흘리는 나를 보고 한 친구가 말했다.

"엄마 보고 싶었지요?"

나는 고개를 끄덕였다. 그러자 그가 낮은 목소리로 말했다. "너무 놀라지 말고 들어요. 어머니는 1939년에 병으로 돌아가셨답니다…"

순간 가장 기쁜 날이 가장 슬픈 날이 되고 말았다. 나는 하염없이 눈물을 흘렸다. 주위에서는 만세의 함성이 진동했다. 문득 어머니도 오늘의 승리를 기뻐하리라는 생각이 들었다. 나는 비로소 마음을 추스르고 어머니의 평안을 기원했다.

얼마 뒤 조선의용군은 귀국길에 올랐다. 그러나 나는 무정 장군의 권유로 옌안에 남아 의학 공부를 마치기로 했다. 어머니도 없는 고향에 서둘러 가느니 공부를 마치는 게 나을 성싶었다. 1947년 의과대학을 졸업한 뒤 중국의과대학 제1분교에서 근무하던 나는 6·25전쟁이 발발하자 의무병으로 참전했다. 그러나 미군의 폭격으로 다리를 다쳐 선양(심양)으로 후송돼 치료를 받았다. 애초엔 고향으로 돌아가고 싶었으나 부상이 심해 다시 들어가지 못했다.

그 뒤 나는 중국에서 의사로 일하며, 선양의사학교 부교장, 옌볜조선족자치주 위생국 부국장, 인민대표 등으로 활동했다. 비록 문화혁명이 일어났을 때는 3년이나 외양간에 갇히는 수모를 겪었으나, 그때를 제외하면 내가 노력한 것보다 받은 것이 더 많은 인생을 살았다. 중국에 있는 조선 동포들에게 조금이나마 도움이 될까 하고 생활비를 아껴 모아 옌볜아동문화기금에 기부했는데 그 덕에 '이화림아동문학상'이 제정되어 오히려 내 이름을 빛낸 결과가 되었으니 어찌 세상에 감사하지 않을 수 있으랴.


오늘은 1999년 2월 10일. 생일을 지나고부터는 눈을 뜨고 있을 때보다 감고 지낼 때가 더 많다. 며칠 전 전 재산을 다롄(대련)시 조선족학교에 기부한다는 유언까지 끝냈다. 할 일을 다 한 셈이다. 눈이 감긴다. 어머니가 웃으며 다가오신다. 그 옆에 오빠들도 웃고 있다.

"춘실아, 애썼다! 어서 오너라."

"어머니, 오빠들! 얼마나 보고 싶었다고요."

식구들의 환한 미소가 다사로운 햇빛처럼 온몸을 감쌌다. 그토록 먼 길을 돌아 드디어 고향에 왔구나. 나는 안심하여 눈을 감았다.

이화림

# 참고문헌

## 1차 자료

공훈전자사료관 www.e-gonghun.mpva.go.kr

국사편찬위원회 한국사데이터베이스 www.koreanhistory.or.kr

독립기념관 www.i815.or.kr

《경향신문》《독립신보》《동아일보》《조선중앙일보》 등

김남식·이정식·한홍구 엮음, 《한국현대사 자료총서》, 돌베개, 1986

권기옥, 〈나의 이력서〉, 《한국일보》 1978년 1월 25일~2월 28일 자 연재

독립기념관 한국독립운동사연구소 편, 《시사신보(時事新報)》《한국관계기사집》

여성독립운동사발간위원회 엮음, 〈여성독립운동사 자료총서 I〉, 행정자치부 국가기록원

오기영 지음, 전집편찬위원회 엮음, 《3면 기자의 취재》, 모시는사람들, 2019

이화림 구술, 장환제·순징리 엮음, 박경철·이선경 옮김, 《이화림 회고록》, 차이나하우스, 2015

이희천, 김혜경 편역, 《김마리아-독립운동 자료로 보는》, 다운샘, 2019

정정화, 《장강일기》, 학민사, 1998

정칠성, 《신여성이란 무엇?》, 두루미, 2020

## 단행본·연구보고서

3·1여성동지회 편, 《한국여성독립운동가-3·1여성동지회 50주년 기념》, 국학자료원, 2018

강대민, 《여성조선의용군 박차정 의사》, 고구려, 2004

강윤정, 《한국 근대의 여걸 남자현》, 지식산업사, 2018

김경일, 《이재유 나의 시대 나의 혁명》, 푸른역사, 2007

김경일 외 6인, 《한국 근대 여성 63인의 초상》, 한국학중앙연구원출판부, 2015

김성동, 《현대사 아리랑-꽃다발도 무덤도 없는 혁명가들》, 녹색평론사, 2010

김성은, 《김순애-통일국가 수립을 위해 분투한 독립운동가》, 역사공간, 2018

김소연, 《미치지도 죽지도 않았다-파란만장, 근대 여성의 삶을 바꾼 공간》, 효형출판, 2019

노형석, 《한국근대사의 풍경》, 생각의나무, 2006

목포대학교박물관, 《1932년 제주도 세화리 해녀투쟁》

박서련, 《체공녀 강주룡》, 한겨레출판, 2018

박용옥, 《한국독립운동의 역사 31-여성운동》, 독립기념관 한국독립운동사연구소, 2009

박준성, 《박준성의 노동자 역사 이야기》, 이후, 2009

서경덕·한국여성독립운동연구소, 《당신이 알아야 할 한국사10》, 엔트리, 2016

서울역사박물관 편, 《조국으로 가는 길-8·15 광복절 기념 한 가족의 독립운동 이야기》, 2013

신명식, 《정정화》, 역사공간, 2010

안재성, 《경성트로이카》, 사회평론, 2004

　　　《명시》, 미디어창비, 2019

《잡지, 시대를 철하다》, 돌베개, 2012

윤선자, 《권기옥- 대한독립을 위해 하늘을 날았던 한국 최초의 여류비행사》, 역사공간, 2016

이상국, 《나는 조선의 총구다- 남자현 평전》, 세창미디어, 2012

이임하, 《조선의 페미니스트-식민지 일상에 맞선 여성들의 이야기》, 철수와영희, 2019

이윤옥, 《46인의 여성독립운동가 발자취를 찾아서》, 얼레빗, 2020

전경옥 외 2인, 《한국여성인물사1》, 숙명여자대학교출판부, 2004

전병무, 《김마리아-한국 항일여성운동계의 대모》, 역사공간, 2013

정운현, 《조선의 딸 총을 들다-대갓집 마님에서 신여성까지, 일제와 맞서 싸운 24인의 여성 독립운동가 이야기》, 인문서원, 2016

정철훈, 《김알렉산드라 평전》, 필담, 1996

《소설 김알렉산드라》, 실천문학사, 2009

제주도/제주학연구센터, 〈제주 해녀항일운동 조사보고서 2019〉 (김옥련, 부춘화 등 운동 참가자들의 인터뷰와 직접 쓴 1차 기록물도 참고)

# 논문·기사

강영심, 〈민족해방과 여성해방을 꿈꾸며 산화해간 민족운동가 박차정〉 《되살아나는 여성》, (사)여성문화 이론연구소 엮음, 여성문화이론연구소, 2019

김선현, 〈장강 만리에 청춘을 묻고〉 《백년편지》, 삼우반, 2019

노지승, 〈젠더, 노동, 감정 그리고 정치적 각성의 순간-여성 사회주의자 정칠성의 삶과 활동에 대한 연구〉 《비교문화연구》 43호, 2016

반병률, 〈알렉산드라 페트로브나의 생애와 활동〉 《한국여성독립운동가》, 국학자료원, 2018

〈러시아 지역 항일여성독립운동〉, 상동

박순섭, 〈1920~30년대 정칠성의 사회주의운동과 여성해방론〉 《여성과 역사》 제26권, 2017

예지숙, 〈사회인 직업인으로서 박자혜의 삶과 민족운동〉 《3·1운동에 앞장 선 여성들》, 역사공간, 2019

오문수 기자, 〈육지 유관순, 바다 강관순? 독립운동 나선 해녀 이야기〉 《여수넷뉴스》 2015년 10월 6일 자

유준기, 〈김마리아의 독립운동과 대한민국애국부인회〉 《한국여성독립운동가》, 국학자료원, 2018

윤선자, 〈한국독립운동과 권기옥의 비상〉 《한국 근현대사연구》 69집, 2014

윤정란, 〈일제강점기 박자혜의 독립운동과 독립운동가 아내로서의 삶〉, 《이화사학연구》 no.38, 2009

이김춘택, 〈체공녀와 연돌남, 강주룡과 다나베 기요시〉, 경남노동자민중행동 필통, 2015

이달순, 〈독립운동과 김마리아〉, 《한국여성독립운동가》, 국학자료원, 2018

이문영, 〈고이화: 1932년 제주항일운동 참가자〉, 월간 《참여사회》, 2003년 3월호

이송희, 〈박차정 여사의 삶과 투쟁-민족의 해방과 여성의 해방을 위해 투쟁한 한 여성의 이야기〉 《지역과 역사 제1호》, 부경역사연구소, 1996

이윤옥, 〈'권기옥' 애국지사의 푸른 꿈을 찾아〉, 《기록인》 vol 24, 2013년 가을

임경석, 〈참혹한 고문 이겨낸 조선의 혁명 여걸〉, 《한겨레21》 통권1196호, 2018

정성희, 〈노동자세상과 조선독립의 횃불, 김알렉산드라〉, 《매일노동뉴스》, 2019년 4월 8일 자

진선영, 〈기름에 젖은 머리를 탁 비어던지고〉, 한국문화연구, 2019

# 미주

1 이종일은 자신이 운영하던 인쇄소 보성사에서 3·1독립선언서 3만여 부를 몰래 찍어 배포했고, 민족대표로 참여해 3년형을 선고받고 수감되었다. 1921년 가출옥한 뒤에도 천도교 단독의 시위를 계획하는 등 독립투쟁을 계속하다, 1925년 67세의 나이에 영양실조로 사망했다.

2 1932년 《신동아》와의 인터뷰

3 이 글은 오기영 기자의 《동광》 회견기를 기초로 극화한 것이다. 오기영은 1931년 7월호 《동광》 지에 무호정인이란 필명으로, 강주룡을 인터뷰하고 쓴 회견기를 실었다. 그는 갓 스무 살에 필력을 인정받아 《동아일보》 평양 주재기자로 발탁되었다. 이후 사회부 기자로 평양의 각종 사건 사고 소식을 전했는데, 특히 강주룡의 을밀대 고공농성을 '체공녀'란 신조어로 보도해 세간의 화제를 불러일으켰다.

4 다나베 기요시는 1930년 11월 일본 후지가스방적 가와사키 공장 노동자들이 투쟁할 때 공장 굴뚝에 올라가 6일 동안 농성을 한 활동가로, 당시 '연돌남'으로 널리 알려졌다.

5 정정화, 《장강일기》, 학민사, 1998년, 49쪽

6 정정화, 《장강일기》, 학민사, 1998년, 60쪽

7 정정화, 《장강일기》, 학민사, 1998년, 255쪽

8 이효정(1913~2010년)은 박진홍의 동덕여고보 동창으로 둘은 함께 노동운동을 한 동지이자 절친한 벗이었다. 소설가 안재성은 우연히 아흔이 넘은 이효정을 알게 돼 둘의 사연을 인터뷰하고 이를 바탕으로 《경성 트로이카》를 썼다. 이후 박진홍과 이효정의 사연이 널리 알려졌다. 현재 서대문형무소 역사관의 여옥사에는 두 사람이 감옥에서 만나는 장면이 재현되어 있다. 이 글은 두 사람의 우정과 동지애에 착안해, 박진홍이 이효정에게 가상의 편지를 쓰는 형식으로 박진홍의 삶을 재구성했다.

9 이재유는 1936년 12월 25일 체포되었다. 일제는 4개월간 이 사실을 비밀에 붙인 채 야만적인 고문으로 그를 심문했다. 취조가 끝난 뒤 일제가 보도를 허용하자, 어용지 《경성일보》는 1937년 4월 30일 〈집요흉악한 조선공산당 마침내 괴멸하다〉라는 제목으로 호외를 발행해 체포 사실을 전했다(김경일, 《이재유 나의 시대 나의 혁명》, 푸른역사, 2007, 249쪽).

10 《독립신보》 1946년 11월 14일 자에 실린 인터뷰에서 박진홍은 근황을 묻는 기자에게 가정생활을 이야기하며, "그러나 집사람도 봉건의식이 조금은 남아 있어요" 하고 남편 김태준을 '집사람'이라고 칭했다.

11 국가보훈처 독립유공자 공훈록을 비롯한 많은 자료에는 박자혜가 사립 조산부 양성소를 다닌 것으로 기록돼 있다. 그러나 박자혜는 사립이 아닌 관립 조선총독부의원 산

하의 강습소를 졸업한 것으로 보인다. 식민지기 각종 법령과 행정에 관한 내용을 담은 《조선총독부관보》 1916년 11월 21일 자에, 박자혜가 조선총독부의원 부속의학강습소 간호부과를 졸업했다는 사실이 기재되어 있다(예지숙, 〈사회인 직업인으로서 박자혜의 삶과 민족운동〉 참조).

12  신영우, 〈조선의 역사대가 단재옥중회견기〉, 《조선일보》 1930년 12월 19일~30일 자(조동걸, 〈단재 신채호의 삶과 유훈〉 논문 재인용)

13  박자혜, 〈가신 님 단재의 영전에〉(신채호 지음, 박기봉 옮김, 《조선 상고사》, 비봉출판사, 2006 수록)

14  이 글은 〈제주항일조사보고서 2019〉에 수록된 김옥련의 1995년, 1996년, 2003년 세 차례 인터뷰와 투쟁 회고록을 토대로 구상한 작품이다.

15  바당은 바다의 제주 말

16  바닷가 바위 위에 돌담을 둥그스름하게 에워싼 곳. 해녀들이 작업하다가 불을 피우고 언 몸을 녹이거나 옷을 갈아입는 장소로 이용되었다.

17  자료에 따라서는 1910년생이라고도 하고 2003년 인터뷰에서 1911년생이라 하기도 했으나, 대개 1909년생으로 알려져 있다.

18  박의 씨통을 파내고 구멍을 막아서 해녀들이 작업할 때 바다에 갖고 가서 타는 물건. 아래쪽에 해산물을 담는 망시리가 달려 있다.

19  제주에서 남녀 성별과 무관하게 이웃 어른들을 부르는 보편적인 호칭. 표준어 표기는 '삼촌'이지만 제주 말로는 '삼춘'이라 부른다.

20  해녀가 바닷속에서 전복을 캐는 데 쓰는 길쭉한 쇠붙이로 된 연장. 길이는 30센티미터쯤이며 동그랗게 말린 머리에는 손잡이 끈이 달려 있다.

21  이 글은 정칠성의 삶을 다큐멘터리 형식으로 재구성한 것이다. 작품에 나오는 현계옥, 황신덕, 허정숙, 정종명은 모두 실존인물이며, 행수기생과 강습소 출신 시장 상인은 정칠성의 이력을 토대로 창작한 허구의 인물이다.

22  대구 출신 독립운동가. 작가 현진건의 형으로도 유명하다.

23  허은(이상룡의 손자며느리), 《아직도 내 귀엔 서간도 바람소리가》(1995년 초판, 2010년 개정판)에서 원용했다.

24  이 시기에 대해 1925년, 1927년 등 여러 설이 있는데, 여기서는 순종의 장례가 있었던 1926년으로 추정했다. 1927년은 2월 말에 길림사건이 일어나 남자현이 구명운동을 펼쳤던 것으로 볼 때 그 직후에 국내 잠입은 무리라 여겨진다. 1934년 발행된 잡지

《진광**》에는 1928년 거사를 위해 서울에 잠입했으나 단원이 체포되어 실패했다고 기록되어 있다.

25  관련 자료에는 '평양여자고등보통학교'로 나오는데, 당시 평양의 여고보는 감리교에서 세운 정의여자고등보통학교가 유일했으므로 아마도 이 학교에 들어갔을 것이다. 1900년 이 학교에 실업반이 만들어졌는데, 안경신이 기예과를 다녔다는 설이 있는 것으로 보아 실업반을 다닌 듯하다.

26  기존 책과 자료들은 1920년 8월(또는 10월) 부인회가 검거되면서 체포를 피한 안경신이 망명한 것으로 기술하고 있다. 그러나 나중 재판자료에 따르면 2월에 망명했다고 한다. 따라서 부인회가 대거 검거되기 전, 안경신은 먼저 체포 위협을 겪고 망명했다고 볼 수 있다. 송성겸은 8월에 체포되고 10월에 검찰로 송치되었다.

27  H.M.은 〈조선의 여류주의자 김알렉산드라 여사 약전〉(《개벽》 1925년 3월호)에서, 알렉산드라가 당시 남편 스탄케비치와 헤어지며 이렇게 말했다고 썼다. 하지만 엠.테.김이 쓴 〈극동에서 소비에트 주권을 위해 투쟁한 한인 국제주의자들〉을 비롯해 당시 함께 활동한 이들의 증언에 따르면, 스탄케비치와는 일찍이 헤어지고 이후 오가이 신부를 만났다고 한다. 하여 이 글에서는 오가이와 헤어진 것으로 그렸다.

28  알렉산드라의 최후에 대해서는 다양한 설이 있다. 아무르강이 내다보이는 하바롭스크시 공원에서 많은 사람이 지켜보는 가운데 처형됐다고도 하고, 밤중에 시내에서 군인에게 총살당했다고도 한다. 또한 뒤바보(독립운동가 계봉우의 필명)는 〈김알렉산드라 여사 소전〉이라는 글에서 그가 강도 두 명과 함께 처형당했다고 썼는데, 이는 골고다 언덕에서 최후를 맞은 예수의 죽음과 비슷하게 서술하여 극적 효과를 높이려 한 것으로 보인다.

29  권기옥, 〈나의 이력서〉, 《한국일보》, 1978년 1월 25일 자

30  이 글은 1946년 11월 21일 자 《독립신보》에 실린 인터뷰 〈여류혁명가를 찾아서―김명시〉에서 영감을 얻어 작품화했다.

31  자료에 따라 5남매였다고도 하는데, 이름이 분명하게 확인되는 것은 오빠 김형선, 남동생 김형윤, 여동생 김복수 등 4형제다.

32  《동아일보》 1949년 10월 11일 자

33  《경향신문》 1949년 10월 11일 자

34  손문이 세운 황푸군관학교는 제국주의와 군벌에 반대하는 혁명 장교들의 산실로, 약산과 60여 명의 의열단원들을 비롯해 많은 조선 독립운동가들이 이곳에서 군사 역량을 키웠다.

# 싸우는 여자들, 역사가 되다

©2021 윤석남·김이경

초판 1쇄 발행 2021년 2월 16일
초판 3쇄 발행 2023년 11월 30일

지은이       윤석남·김이경
펴낸이       이상훈
편집1팀      김진주 이연재
마케팅       김한성 조재성 박신영 김효진 김애린 오민정

펴낸곳       (주)한겨레엔 www.hanibook.co.kr
등록         2006년 1월 4일 제313-2006-00003호
주소         서울시 마포구 창전로 70(신수동) 화수목빌딩 5층
전화         02) 6383-1602~3  팩스 02) 6383-1610
대표메일     book@hanien.co.kr

ISBN 979-11-6040-459-3(03910)